Leiden en Lijden tijdens Coronacrisis.

Voor Do & Damies

Uitgever: Damies, Schijndel
ISBN 978-907 8805-212
Foto: Easy the Anatolian

www.wilemscheepers.eu
www.managementpro.nl

Op het moment van publicatie bevinden we ons nog steeds in een coronacrisis. De, zoals het zich tot nu laat aanzien, voor ons land beperkte financieel economische gevolgen 'zetten ons op het verkeerde been'. Zo zijn internationale reismogelijkheden beperkt, is het voor iedereen wennen aan de coronamelder, delta- e.a. coronavarianten zijn 'nog lang niet klaar met ons' en, nog schrijnender: het grootste deel van de wereldbevolking is nog (lang) niet gevaccineerd; menselijk lijden.

In deze, alweer 15^{e}, uitgave in de ManagementPro serie besteed ik aandacht aan dat 'lijden' en dan m.n., zoals de titel van de serie veronderstelt, vanuit het perspectief van management! Aan het lijden van medewerkers, klanten, stakeholders maar ook aan het lijden van de bestuurders, managers, leidinggevenden zelf: (ook) zij bevinden zich in een totaal nieuw, onverwachte (NB; hoe staat het er eigenlijk voor met 'iets' als de toeslagenaffaire?) situatie: Lijden, dus.

Aan de andere kant is, en dat mag je nu zeker verwachten, is er het Leiden. Hoe en op welke manier leiden mannen en vrouwen onze samenleving, onze economie, ons toekomstbeeld? Wat is hun visie, wat is hun missie, wat zijn eerste succesverhalen en waarom zijn juist deze vrouwen en mannen zo succesvol en dat zeker nu? Is het tijd voor nieuw leiderschap? Ik denk van wel.

Dat nieuw leiderschap is noodzakelijk zelfs omdat, ook op het moment van publiceren de volgende, maar deze keer was die te verwachten, uitdaging/crisis zich aandient: de klimaatcrisis zoals vastgesteld in het onderzoek van de International Panel of Climate Change; daarover meer in deel 16.

Ik wens je (toch) veel leesplezier.....

Willem Scheepers, Schijndel augustus 2021

Deel 1: LEIDEN

Volkswagen Groep, van Klassieke Autofabrikant naar Digitaal Technologiegroep: 'Der Sturm geht Jetzt erst Los'.

"De tijd van klassieke autofabrikanten is voorbij. Alleen als een digitaal technologiegroep heeft Volkswagen nog een toekomst. Dat is de enige weg." aldus Volkswagen Group-topman Herbert Diess vorige week tijdens een 'donder speech' voor VW Groups' bestuur en directiekader: "Der Sturm geht jetzt erst los". Bron: Handelsblatt.

"Terwijl banken druk bezig zijn en veelal fors investeren in 'digitaal' om hun bedrijf toekomstbestendig te maken, wekt het gebrek aan vooruitgang hiermee vooral wantrouwen bij hun beleggers." Bron: Beleggers sceptisch over digitale strategieën van banken, vandaag in Het FD.

"Het concept richt zich op de huidige megatrends en houdt rekening met het drastisch veranderde winkelgedrag en een nieuwe vorm van mobiliteit zonder auto. Klanten hebben weinig tijd en waarderen gemak en comfort." Eind dit jaar opent IKEA een nieuwe vestiging in het centrum van Wenen. Voor het eerst zal de kenmerkende parkeergarage hier ontbreken. Je bezoekt deze Weense locatie voor "Erlebnis, Gastronomie, Raum zum Bummeln und Schauen und mehr Grün, als es ein Park auf dieser Fläche bieten könnte." Je bestellingen, aankopen, leveringen regel je natuurlijk m.b.v. IKEA's digitale planner.

Steeds meer bedrijven gaan richting een digitale transformatie. De fase van continue ontwikkelen resp. HPO (1998), gevolgd door de fase van disruptie (2013) heb je als bedrijf nu achter je. In 2020 is het tijd voor digitale technologie c.q. kunstmatige intelligentie c.s. en idd: "Die Storm is voor veel bedrijven nu begonnen."

Voor 'veel bedrijven', niet 'alle' omdat bedrijven als Victoria's Secret, GOOGLE, Walmart, LEGO, Starbuck's, UBER maar ook de 'oer-hollandse' bedrijven PICNIC, CoolBlue en Booking.Com van oorsprong 'technologie bedrijven' zijn of de transitie daar naar toe al in gang hebben gezet. Voor concurrenten betekent dit dat zij een achterstand hebben opgelopen, een achterstand die zij niet snel meer inhalen. Ze mogen, om in stijl te blijven, überhaupt blij zijn als zij bij kunnen blijven. In zijn toespraak refereert Herbert Diess aan NOKIA:

"Ich erinnere mich noch gut an eine Situation, in der ich mir von Nokia-Mitarbeitern – ich hatte einige Hundert übernommen – erklären ließ, wie sie im Kampf gegen Apple untergegangen sind. Die Logik war: „Wir haben 43 verschiedene Mobiltelefone, für jeden das richtige, kein Mensch will Touch, man muss das iPhone mindestens einmal täglich laden, während unser Akku eine Woche hält." Und: Nokia hatte Rekordjahre, war aber praktisch schon tot.

Steve Jobs hingegen hatte verstanden, dass sich die Funktion des Device grundlegend änderte. Der Zugang zum Internet wurde wichtiger als das Telefon selbst. Und auch die Ladezeit war für die Kunden nicht mehr so entscheidend. Wenige Jahre später war Nokia Geschichte."

APPLE als 'disruptor'. Een ander bekend scenario is dat van Kodak vs. FUJI

"Both firms realised that digital photography itself would not be very profitable. But both firms had to adapt; Kodak was slower. (....) Another reason why Kodak was slow to change was that its executives suffered from a mentality of perfect products, rather than the high-tech mindset of make it, launch it, fix it." FUJI overleefde uiteindelijk. Bron: Kodak is at death's door; Fujifilm, its old rival, is thriving. Why?

Overigens, webwinkel Neckermann.com gaat deze week failliet. Het bedrijf kent de oorsprong in 1950 en is nu ook ingehaald door nieuwe, o.m. hiervoor genoemde, toetreders.

VW wil geen Nokia maar ook geen Kodak worden (laat staan een Neckermann), vandaar deze strategiewijziging. Voor VW is, bij de verandering van automobiel naar digitaal technologie bedrijf, concurrent TESLA de 'benchmark'. TESLA als onderdeel van Elon Musks' technologie groep bestaande, naast TESLA Motors, uit o.m. SPACE X, Solar City, the Boring Co., Hyperloop, AI & Neuralink. Herbert Diess hoopt dat met deze transitie VW daarop kan aansluiten. Maar met alleen 'hopen' is hij er nog niet.....

"Strategizing about digital change in your organization won't get you anywhere unless you're making plans and setting goals that people will actually execute. But most senior executives struggle to establish realistic expectations, largely because they don't have a clear sense of how or why employees on the front lines adopt new tools." waarschuwt MIT Sloan in het recent verschenen Special Report on Digital Transformation.

Een verandering als deze, beter geformuleerd: 'zeker een ingrijpende organisatieverandering als deze(!)', vraagt om Leiderschap. Alleen: niet alle managers, bestuurders, politici beschikken over de hiervoor best geschikte kwaliteiten. In een andere artikel, The New Leadership Playbook for the Digital Age, signaleert MIT Sloan i.s.m. Cognizant: 'Leaders Aren't as Prepared as They Think'. 'T is wat.

(te) Veel van degenen die aan een organisatiestrategie richting digitale technologie resp. kunstmatige intelligentie leiding zouden behoren te geven:

- beschikken niet over de juiste vaardigheden, over de juiste denkrichting ('wat was de laatste app die je op je mobiel installeerde?');
- ze hebben blinde vlekken die het zicht op de toekomst vertroebelen ('wat doe jij in 2025?')

- innerlijke spanningen bedreigen het zelfvertrouwen en creëren een onbewuste traagheid ('hoe snel vindt jij dat het allemaal gaat?').

Kortom, je organisatie veranderen richting 'een digitale technologie organisatie', dat doe je niet 'zo maar ff'. Echter, "Wenn wir in unserem jetzigen Tempo weitermachen, wird es sehr eng." aldus Herbert Diess, en dat geldt (zeker) niet alleen voor VW Group...

Komt het Sociaal Contract onder de Druk van Kunstmatige Intelligentie uit?

"In de kern is het sociaal contract de impliciete relatie tussen individuen en instellingen." Jean - Jacques Rousseau in zijn politiek-staatkundige verhandeling 'Du Contrat Social, ou Principes du Droit Politique' (1762). De geschiedenis leert dat de discussie over het sociaal contract het meest prominent is in tijden van brede economische, sociale en politieke onrust: "Growing automation adoption and the introduction of artificial intelligence in the workplace are likely to be disruptive. Prior work suggests that between 40 million and 150 million workers in advanced economies may have to change occupational categories, and almost everyone's job will change." signaleert het McKinsey Global Institute (MGI) in het rapport 'The Social Contract in the 21st century'. Het wordt tijd om de filosoof Rousseau opnieuw uit de kast te halen.

"De mens wordt vrij geboren maar steeds is hij geketend. Er is iemand die denkt dat hij de meester van anderen is, maar hij is meer verslaafd dan zij. Hoe is deze verandering tot stand gekomen? Ik weet het niet. Wat kan het legitiem maken? Dat is een vraag die ik denk te kunnen beantwoorden." Zo kwam Rousseau aan zijn 'sociaal contract'.

"In de kern is het sociaal contract een impliciete tegenprestatie voor individuen: zij leveren bijdragen met hun talenten, energie, tijd, en vaardigheden. Zij werken samen met organisaties in de publieke en sociale sector en met particuliere bedrijven om welvaart te bereiken en risico's en verantwoordelijkheden te delen. In ruil daarvoor verwachten zij enkele specifieke resultaten." 'Resultaten' zoals inkomen, maar ook voorzieningen resp. sociale zekerheid. D.i. zoals MGI het sociaal contract definieert in hun onderzoek. O.i.v. maatschappelijke en disruptieve ontwikkelingen signaleert MGI dat het sociaal contract nu, opnieuw, onder druk staat.

MGI "Life has changed substantially for individuals in advanced economies in the first two decades of the 21st century as a result of trends including disruptions in technology, globalization, the economic crisis of 2008 and its recovery, and shifting market and institutional dynamics. Overall, the 21st century has brought opportunities and economic growth and the prospect of more to come as the century progresses, through developments in science, technology and innovation, and productivity growth. In many ways, outcomes so far for individuals have been for the better."

Maar er is, niet verrassend, ook 'een keerzijde aan deze medaille van voorspoedige economische ontwikkeling': "Hoewel de beschikbaarheid en kosten van veel goederen en diensten sterk zijn verbeterd resp. gedaald, zijn de kosten van basisbehoeften zoals huisvesting, gezondheidszorg en onderwijs toegenomen en eisen ze een steeds groter deel op van het inkomen. (....) Loonstagnatie-effecten tasten het welzijn van de onderste- en middenlagen van de bevolking aan. Pensioenen worden teruggeschroefd. (....) Hoewel de gemiddelde welvaart voor individuen is hersteld tot het niveau van voor de crisis, ligt het financieel vermogen van het gemiddelde individu nog steeds bijna een vierde onder het niveau van voor de crisis. Dit draagt bij aan de toenemende economische onzekerheid en onderlinge ongelijkheid in rijkdom en welvaart."

Aanvullend daarop signaleert MGI "De groeiende acceptatie van automatisering, robotisering en de introductie van kunstmatige intelligentie op de werkplek zullen zeer waarschijnlijk van disruptieve invloed zijn. Eerder onderzoek suggereert dat tussen 40 miljoen en 150 miljoen werknemers in geavanceerde economieën mogelijk inhoudelijk van functie dienen te veranderen en dat bijna iedere werknemer van baan verandert."

Tegelijkertijd (NB: 'kunstmatige intelligentie c.s. zijn zeker 'hot issues' momenteel) verschijnt deze week van MIT Sloan i.s.m. It-er SAP het rapport How AI Changes the Rules. Eén van de conclusies uit dit onderzoek "AI will require an increased focus on risk management and ethics.": "Begrijpen hoe AI-systemen tot hun conclusies komen, is zowel een opkomende best practice als een noodzaak om ervoor te zorgen dat de menselijke intelligentie die AI-systemen voedt en onderhoudt, gelijke tred houdt met de vooruitgang van deze technieken." MIT Sloan & SAP spreken zich niet uit over de implicaties van kunstmatige intelligentie voor de werkvloer c.q. voor het sociaal contract dat je organisatie heeft met de werknemers, overigens ook met andere stakeholders waar onder je klanten. Maar dat die invloed bestaat, dat 'lees je tussen de regels door'.

Wat MGI voorstelt om het sociaal contract o.i.v. de opkomst van kunstmatige intelligentie te waarborgen, is een 'aanpassing van het sociaal contract aan de 21ste eeuw': "Er is veel verbeterd voor zowel particulieren als werknemers, consumenten en spaarders in de eerste twee decennia van de 21ste eeuw – een periode van zowel een financiële crisis en massale onrust als vooruitgang in technologie, globalisering, veranderende marktdynamiek. Verdere vooruitgang door technologische ontwikkelingen, innovatie en meer economische groei worden verwacht. Het is belangrijk dat deze voordelen worden behouden en dat kansen volledig worden benut en verder uitgebreid. Dit kan gebeuren door voortdurende economische en productiviteitsgroei, zakelijke dynamiek,

investeringen in economieën, technologie en innovatie, een voortdurende focus op banengroei en het creëren van kansen voor werknemers, focus op het concurrentievermogen van bedrijven en economieën in een snel veranderende wereldeconomie."
Interessante tijden, dat zijn het zeker.

"Nu ik de ware beginselen van politiek recht heb vastgelegd en heb geprobeerd de Staat een basis te geven, zou de volgende taak van de Staat zijn deze basis te versterken door middel van buitenlandse betrekkingen. Dat zal wetgeving met betrekking tot landen, handel, het recht op oorlog en verovering, publiekrecht, concurrentie, onderhandelingen, verdragen, enz. met zich meebrengen. Maar dit alles komt neer op een nieuw onderwerp dat veel te groot is voor mijn beperkte omvang. Zoals het nu is, heb ik een groter bereik dan ik zou moeten hebben." Jean - Jacques Rousseau in 1762. Waarbij hij, waarschijnlijk, nooit zou hebben verwacht dat het 'groter bereik' van zijn werk zich tot in de 21e eeuw zou uitstrekken.

Aan de andere kant, zoveel lijkt er in ruim 250 jaar niet veranderd als het gaat om aandacht voor het sociaal contract: de aanbevelingen tonen overeenkomsten. Wie weet wordt met een tijdige 21e-eeuw-aanpassing van dit 'contract' de druk van kunstmatige intelligentie weerstaan, in het algemeen door de samenleving en meer specifiek door je organisatie als werkgever.

Is het ethisch jongeren op te leiden voor een vak dat er straks niet meer is?

Nadat ik de open brief las, die Marjolein Moorman, wethouder onderwijs in Amsterdam, samen met VNO NCW, MKB Nederland en Ondernemend Amsterdam, aan de Minister President stuurt, lees ik het artikel 'AI-powered robots are now teaching in this Bengaluru school'.

Ondernemend Nederland doet een oproep aan het Kabinet om meer geld in het basis onderwijs te stoppen en daarmee het structurele tekort aan leraren op te lossen. De oproep is terecht maar de vraag is of het aanbod op de arbeidsmarkt aan de vraag van niet alleen het Onderwijs, wat te denken van Zorg maar ook Defensie, kan voldoen los van de hoeveelheid geld die je daarvoor beschikbaar stelt. Voor nagenoeg alle sectoren is de vraag naar medewerkers groter dan het aanbod en als je er van uitgaat dat 'de mens' hier de enige oplossing is voor je probleem, dan blijft dat tekort voor langere tijd, wat te denken van de piek in vergrijzing van je huidige medewerkers, bestaan.

Momenteel kunnen de robots studenten les geven in natuurkunde, scheikunde, biologie, geschiedenis en aardrijkskunde. En in de toekomst zal het ontwikkelingsteam de robots in staat stellen om andere vakken te onderwijzen, zoals Engels en wiskunde.

Lees ik in het artikel over de school in Bangalore, India.

Wat ik opmerkelijk vind aan de open brief, de ondertekenaars vertegenwoordigen zeker niet de minste bedrijven, dat is dat er voorbij wordt gegaan aan de technologische ontwikkelingen in het Onderwijs. Experimenten met robotica in de Onderwijs zijn zeker niet nieuw. Zo deden onderwijsinstellingen in o.m. Silicon Valley en Finland al ervaring op, ervaring die o.m. leert dat de kinderen enthousiast zijn maar hun ouders minder. (NB: dat zie je vaker bij 'verandermanagement': jongeren adopteren e.e.a. snel, ouderen bekijken de ontwikkeling angstvallig). En nu dan India.

In een ongekend project heeft Indus International School door AI aangedreven robots – Eagle, Eagle 1.0, Eagle 2.0 – ingezet om les te geven in klaslokalen. Ze worden echter niet verondersteld menselijke leraren te vervangen. Ze zullen eerder de twijfels van studenten wegnemen en leraren ook helpen bij het verstrekken van extra informatie.

Eenvoudig gezegd: de leerkracht kan doen wat hij/zij altijd al had willen doen: leerlingen ondersteunen (NB: in de open brief staat dat 'technologische ontwikkelingen goed onderwijs noodzakelijk maken' idd, dan is het handig dat je als leerling met die ontwikkelingen al op de basisschool kennismaakt). I.d. zie je ook in Japan: kunstmatige intelligentie en robotica maken het voor verzorgenden en verpleegkundigen mogelijk dat zij dat doen waarom zij voor het vak hebben gekozen: verzorgen en verplegen. Deze samenwerking mens/robot impliceert ook dat je (veel) minder mensen nodig hebt.

Eerste passagiers reizen mee in autonoom rijdende trein.

Lazen we vorige week. De rol van de machinist lijkt uitgespeeld, tegelijkertijd kun je jezelf nog steeds op laten leiden tot treinmachinist. Wat voor de treinmachinist geldt, geldt ook voor de vrachtwagenchauffeur: eind vorig jaar kwam het Ministerie van Infrastructuur en Waterstaat met een 'experimenteerwet': onderzoek naar systeemverantwoordelijkheid van de zelfrijdende auto. 'Binnenkort ook in uw buurt'. Wat te denken van de JSF of F35, dit toestel kan autonoom opereren. Dat we nog steeds piloten opleiden, m.b.v. een kostbare opleiding, heeft o.m. te maken met voorgaande verandermanagement opmerking 'angst', maar ook met ethiek: dat een robot ons doodt, dat kan er nog niet in.

Begin van het jaar sprak ik met een jonge student, later dit jaar studeert zij af als tandarts. Op mijn vraag of er tijdens de opleiding is stilgestaan bij de invloed van robotica resp. kunstmatige intelligentie op het tandarts vak?. Reageerde ze dat techniek een onderdeel was van de opleiding maar dat haar vak binnen afzienbare tijd ingrijpend zou kunnen transformeren, nee dat niet.

Vrijdag sprak ik studenten die Master Classes Business Development volgden. Op mijn vraag of tijdens de lessen het gedachtengoed van 'disruptie professor' Clayton Christensen werd behandeld? Was hun reactie 'Wie is dat?'.

Deze bevindingen zijn, voor mij, ernstiger dan het tekort aan kandidaten dat je hebt binnen welke bedrijfstak dan ook. Of om Yuval N. Harari te parafraseren:

Waarom zou je jongeren opleiden voor een vak als kunstmatige intelligentie dit vak binnen afzienbare tijd effectiever en efficiënter kan uitvoeren?

Sterker nog: is dat ethisch verantwoord?

Tot slot, dat geld nodig is, zoals het geld dat in de open brief wordt aangehaald. om een, wat ik noem, strategisch human resources en robotica beleid uit te kunnen voeren, mag duidelijk zijn. Maar daarin investeren is m.i. verstandiger dan, bijv., leraren opleiden die mogelijk nog maar tijdelijk nodig zijn; e.e.a. afhankelijk van de strategische keuzes die je maakt natuurlijk. Er zijn organisaties die hun diensten aanbieden m.b.v. nieuwe technologieën, er zijn er waarbij je altijd menselijk contact hebt. Het is aan te raden die keuze NU te maken, en dat niet alleen voor de jongeren die de arbeidsmarkt opgaan.

'Tweede Kamer worstelt nog altijd met aanpak lerarentekort' meldt Het FD. Er is door de politieke beleidsmakers veel besproken m.b.t. het lerarentekort, maar niets v.w.b. nieuwe, disruptieve ontwikkelingen in het Onderwijs; helaas.

Toekomst van Onderwijs: EdTech?

"Terwijl ze in haar autonome auto naar de les rijdt, leest de student de notities die geprojecteerd staan op de binnenkant van de voorruit, tegelijkertijd gebaart ze met haar handen om het 3D-model van haar architectuurproject te vormen." How Technology Is Changing the Future of Higher Education. Begin dit jaar sprak ik met een jonge student, later dit jaar studeert zij af als tandarts. Op mijn vraag of er tijdens de opleiding is stilgestaan bij de invloed van robotica resp. kunstmatige intelligentie op het tandarts vak?.

Reageerde ze dat techniek een onderdeel was van de opleiding maar dat haar vak binnen afzienbare tijd ingrijpend zou kunnen transformeren, nee dat niet. Is het ethisch jongeren op te leiden voor een vak dat er straks niet meer is?

"Zolang mensen hebben gewerkt, hebben technologische ontwikkelingen hun manier van werken veranderd. De uitdaging vandaag is op twee manieren anders: het tempo van technologische veranderingen is versneld en de impact van technologie op banen wordt gevoeld op taak- en vaardigheidsniveau." Betting Big on Employee Development.

"Het lukt de Tweede Kamerleden maar niet om grip te krijgen op het lerarentekort. Potentiële oplossingen buitelen over elkaar heen en een gezamenlijke aanpak van de Kamer ontbreekt. Zelfs de omvang van het huidige lerarentekort is nog altijd onduidelijk, bleek woensdag bij een debat in de Tweede Kamer." Tweede Kamer worstelt nog altijd met aanpak lerarentekort. "Vanwege de werkdruk en het lerarentekort is in het onderwijs grote behoefe aan tijd en ruimte. Doordachte digitalisering kan helpen bij het creëren hiervan, bijvoorbeeld door automatisch nakijken." digitaliseringsstrategie 2.0.

"Verschuivende machtsverhoudingen in de wereld creëren daarnaast nieuwe vormen van concurrentie en dynamiek, waar onze open economie en samenleving een antwoord op moeten vinden. Dit veroorzaakt grote maatschappelijke vraagstukken rondom thema's als leren en werken. Dat wordt nog eens versterkt door razendsnelle innovaties op het gebied van digitalisering, robotisering en kunstmatige Intelligentie." Toekomst van het Onderwijs.

EdTech of 'educational technology' staat al enige tijd 'onder verhoogde aandacht' en die aandacht neemt toe, niet alleen omdat de vraag naar 'technologisch talent' door potentiële werkgevers in (zéér) rap tempo toeneemt, ook omdat de kwaliteit van onderwijs onder druk staat. 'Google' op 'edtech' en je stuit op een overdaad aan artikelen en onderzoeken 'and counting'. EdTech is een ontwikkeling waaraan je niet meer voorbij kan. Alleen verschilt de kwaliteit van de publicaties nog al. Waarbij de één het houdt bij 'digitale hulpmiddelen die werken voor de gebruiker' ('digitaliseringsagenda', Ministerie van OCW, gepubliceerd 220319) resp. het bepleiten van 'groot onderhoud aan het huidige onderwijssysteem' (discussie toekomst van het onderwijs; gepland 030320), is de ander alweer stappen verder.

Ook omdat beide voorgaande Nederlandse publicaties het begrip EdTech niet benoemen cq. aanhalen, is het interessant te lezen wat de Britse collegae van 'ons' OCW, the Dept. of Education, schrijven in het rapport Realising the potential of technology in education: "EdTech is geen silver bullet. In de 21e eeuw moet het worden gezien als een onafscheidelijke draad geweven doorheen de leerprocessen en het leren. Het is zinloos om te doen alsof het niet iets is dat iedere leraar en elke leerling gebruikt, elke dag. Waarop we ons dienen te concentreren is wanneer en op welke manieren EdTech het best kan worden ingezet om leer- en ontwikkelprocessen te ondersteunen."

Het citaat waarmee deze entry opent komt uit Learning: A Special Report van The New York Times; interessant rapport. Over dat citaat, waarin een student bezig is de les voor te bereiden in haar auto, merken de onderzoekers/auteurs op: "Dit lijkt op science fiction, een indruk die wordt versterkt door het feit dat het wordt gedemonstreerd in virtual reality in een ultramoderne ruimte met overvolle kussens ipv stoelen. Maar dit scenario is gebaseerd op technologie die al in ontwikkeling is." M.a.w.: deze vorm van voorbereiding door de student, is slechts een kwestie van tijd.

Het NYT rapport levert meer interessants op, zoals:

"Onder druk gezet door de eisen van werkgevers en studenten – vooral de opkomende Generatie Z – en de noodzaak om nieuwe klanten/studenten aan te trekken, beginnen sommige scholen, zoals Boise State en Southern New Hampshire University, laboratoria om verbeteringen te bedenken studenten te helpen effectiever te leren, hun vaardigheden aan banen te koppelen en hun studiekosten te verlagen." Zo kan er, v.w.b. dat laatste, een interessante ontwikkeling ontstaan: studeren op abonnement. "In plaats van zich in te schrijven voor een opleiding, kunnen zij zich abonneren bij een universiteit: voor een maandelijks bedrag kan de student elke cursus volgen die ze willen, wanneer ze willen, met langdurige toegang tot advies en loopbaanhulp."

"Georgia Tech heeft geëxperimenteerd met een virtuele onderwijsassistent genaamd 'Jill Watson' (zie YT), gebouwd op het IBM Watson supercomputerplatform. Deze kunstmatige intelligentie (AI) beantwoordt vragen in een discussieforum, dat naast menselijke assistenten (zie in 'Is het ethisch....' het vbld van de school in Bangalore). Studenten kunnen vaak geen onderscheid merken tussen AI en mens, constateert hun professor. Meer 'Jill Watsons' kunnen studenten helpen om hindernissen te overwinnen die ze tegenkomen in grote opleidingen of online cursussen. De universiteit werkt vervolgens aan de ontwikkeling van virtuele docenten die volgens hen over twee tot vijf jaar levensvatbaar kunnen zijn." In de 'Jill Watson' YouTube horen we 'Iedereen kan nu een leraar zijn; da's helder: empathische vermogens worden voor de menselijke docent belangrijker in het onderwijsprocs dan kennisdelen (NB: wat overigens niet automatisch betekent dat iedere mens over empathie beschikt c.q. docent/leraar kan zijn....). Het gevolg is zoiets als dat wat Yuval N. Harari zich afvraagt in 'Homo Deus': "Waarom nog artsen opleiden als kunstmatige intelligentie betere diagnoses stelt?".

"Een andere voorbode van toekomstige opleiden is het 360-graden projectiesysteem dat de studenten van het Rensselaer Polytechnic Institute virtueel naar China vervoert. De studenten leren Mandarijn Chinees door te praten met AI avatars die niet alleen kunnen herkennen wat de studenten zeggen, maar die ook hun gebaren en uitdrukkingen waarnemen, allemaal tegen een computer gegenereerde achtergrond van Chinese straatmarkten, restaurants en andere scènes. Studenten beheersen m.b.v. deze methode het Mandarijn ongeveer twee keer zo snel als hun collega's in conventionele klaslokalen."

Een Leven Lang Ontwikkelen, stelde onze Overheid vorig jaar voor (NB; nadat we decennialang vruchteloos aan 'een leven lang leren' hadden getrokken...). In het NYT rapport lezen we over de introductie van de interoperable learning record, of ILR. "De ILR geeft een opsomming van de specifieke vaardigheden die mensen hebben geleerd – bijvoorbeeld klantenservice of projectmanagement – in tegenstelling tot welke cursussen ze hebben gevolgd en welke diploma's ze hebben behaald. Het omvat zou ook andere levenservaringen die zij hebben opgedaan. (....) ILR's kunnen in twee richtingen werken. Toekomstige werknemers kunnen ze niet alleen gebruiken om te zoeken naar banen waarbij zij hun vaardigheden kunnen inzetten. Werkgevers kunnen dit doornemen om potentiële werknemers te vinden met de vaardigheden die zij voor hun bedrijf nodig hebben." Unieke vaardigheden, competenties die nog belangrijker zijn dan de kennis die je meedraagt in je smart phone (NB; nu nog, want binnenkort m.b.v. een chip in je hersenpan: aldus Stephen Hawking).

EdTech transformeert het onderwijs, of kan dat nu al doen. Het is dan ook, sterk, aan te raden niet langer te wachten op introductie van EdTech, te beginnen in het basisonderwijs want daar is niet alleen 'de nood het hoogst', daar zit ook onze toekomst; letterlijk.

COVID-19: Chinese samenleving robotiseert momenteel in nog rapper tempo.

"Nu ongeveer 100 miljoen fabrieksarbeiders terugkeren naar de Chinese automobiel-, consumentenelektronica- en smartphonefabrikanten, zal een duidelijke impact op langere termijn zijn de nadruk die nu wordt gelegd op robotica en automatisering. Robotica kan de arbeidskosten verlagen, de productiviteit verhogen en, in dit kader nog belangrijker, herhaling van toekomstige fabriekssluitingen voorkomen." The rush to deploy robots in China amid the coronavirus outbreak

"De Chinese robotfabrikant Youibot creëerde binnen 14 dagen een sterilisatierobot. In een door het coronavirus besmette omgeving wordt technologische innovatie in China getest en opnieuw bedacht op een nieuw, disruptief niveau."Drones. Disinfecting robots. Supercomputers. The coronavirus outbreak is a test for China's tech industry.

"China is becoming the largest testing ground to demonstrate how emerging technologies can be harnessed to improve epidemic management and minimize the economic impact of the coronavirus outbreak." Coronavirus response growing from robotics companies.

Thuiswerken ipv op kantoor, virtueel werken, en krijgt teleconferencing opeens de aandacht die het al geruime tijd verdient, geen sociaal contact opzoeken wordt de Brabanders geadviseerd, scholen zonder leerkrachten, publieksevenementen en wedstrijden worden steeds vaker geannuleerd of publiek wordt geweigerd. Het zijn voorbeelden van maatregelen die Nederland, die de EU neemt om de gevolgen van het zich onverwacht snel verspreidende COVID-19, het coronavirus dat bedrijven en o.m. distributeurs momenteel in bedwang houdt en processen verstoort, in te dammen.

De gevolgen zijn, in de ruimste zin van het woord, groot maar ook nog nauwelijks te overzien. Of, bijv., de ziekenhuizen in staat zullen zijn voldoende quarantaine plekken te kunnen aanbieden, is nog maar zéér de vraag. Er wordt al nagedacht over ´triage´ c.q. het beoordelen van slachtoffers op het hebben van de grootste overlevingskansen. Die maatschappelijke discussie hierover, 'waarom opa niet?', zou best eens te laat kunnen komen....

Ook China c.q. de Chinese bevolking bevindt zich midden in de virusangst v.w.b. COVID-19. Maar daar gebeurt nog iets interessants: zo wordt nu in rap tempo de Chinese samenleving in de richting van autonoom transport gestuurd en krijgt de disruptieve toekomst van distributie daarmee een onverwachte groei; niet alleen voor China, ook wereldwijd. Eenvoudig gezegd: van een bezorger kun je een virus oplopen (en de bezorger van jou), van een robot niet: die hoest niet. Chinese wet- en regelgeving v.w.b. autonome distributie, een drone distribueert ook, zijn in versneld tempo aangepast. Op YouTube vind je verschillende recente toepassingen van autonome distributie in China variërend van het in een ziekenhuis rondbrengen van medicijnen en voedsel naar patiënten in quarantaine, tot aan het bezorgen van maaltijden naar de woningen in inmiddels door voetgangers en auto's verlaten steden. Driverless Delivery Van Startup Sees Demand Surge Amid Outbreak.

Overigens, binnen deze zelfde ziekenhuizen zien we dat robotica steeds vaker in de eerste lijn wordt ingezet bij de behandeling van met het coronavirus besmette patiënten. De volgende bedrijfstak waarin disruptie wordt geïmplementeerd is dan logischer wijze het onderwijs. Als leraren afwezig zijn, als scholen voor mogelijk zelfs onbepaalde tijd gaan sluiten, dan is leren-op-afstand voor je kinderen een alternatief. Remote learning with Khan Academy during school closures.

De economische gevolgen van het coronavirus zijn nog niet te overzien maar ook daarop wil de Chinese regering niet wachten. China liep al voorop v.w.b. de implementatie van robotica, kunstmatige intelligentie, machine leren. Dat tempo van investeren in deze disruptieve technologieën neemt nu rap toe. Naast een, naar nu al blijkt, hiermee meer efficiënte en effectieve benadering van de bestrijding van het coronavirus, biedt deze kennis en ervaring de Chinese economie een enorme basis om vervolgens robotica e.d. wereldwijd uit te rollen. COVID-19: je kan je hiervoor bijna geen betere testcase (sic) voorstellen.....

"China lijkt zich in de vroege stadia van een economisch herstel te bevinden, volgens onze analyse van hoogfrequente gegevens over proxy's voor het verkeer van mensen en goederen, productie en vertrouwen. Hoewel dit herstel kwetsbaar zou kunnen zijn als er een nieuwe golf van lokale infecties zou ontstaan, zijn veel Chinese bedrijven al voorbij de crisisreactie op weg naar herstel en verdere planning na dat herstel. (....) In een zich snel veranderende, volatiele wereld moet een dergelijke adaptieve aanpak breder worden toegepast dan uitsluitend met crisisbeheersing." How Chinese Companies Have Responded to Coronavirus (100320).

Als je er even over nadenkt dan besef je, of dat kun je op z'n minst, dat de wereld na het COVID-19 virus, niet meer dezelfde zal of op z'n minst kan zijn. Dat niet alleen v.w.b. de slachtoffers maar ook v.w.b. implementatie van kunstmatige intelligentie, machine leren, robotica in bedrijfsleven en samenleving: 'Dit nooit meer.'

Authentiek Leiderschap in Tijden van Crisis en Corona.

"En dan is daar Mark Rutte, een wat stugge, bijna technocratische politicus die zich tijdens deze coronacrisis heeft getoond de Nederlanders te kunnen geven wat ze willen van een premier: een nuchtere, krenterige 'één van ons' leider." Bron: Coronavirus brings out best (and worst) in world leaders.

"Ik besloot Mark Rutte te geloven. Dat zijn tranen en emoties authentiek en oprecht waren.", was het commentaar van één van de 7 miljoen kijkers naar de coronavirus toespraak die premier Mark Rutte hield op 16 maart. 'Authentiek: echt, betrouwbaar, origineel', lezen we bij de definitie. Toch gaat authenticiteit voor mij 'iets' verder: het betekent dat je dicht bij jezelf staat, dicht bij je kernwaarden.

In zijn toespraak voor afstudeerders van George Washington University formuleerde Tim Cook, APPLE's CEO, persoonlijke (kern)waarden als basis voor je authenticiteit als volgt:"Your values matter. They are your North Star. Otherwise it's just a job, and life is too short for that." Jezelf confirmeren aan je kernwaarden, is 'slechts' de ene kant van het authenticiteit verhaal. Minstens zo belangrijk is dat je kernwaarden resoneren met de kernwaarden van je toehoorders, beter nog: toeschouwers. Als 7 miljoen mensen positief reageren, zeker in hectische tijden, op je authenticiteit, dan heb je veel bereikt. Maar je bent er daarmee nog niet: de crisis is nog (lang) niet voorbij.

Je authenticiteit laat je m.n. zien in je gedrag, bewust en onbewust nemen mensen dat van je waar. Maar zelf acteer je ook veel meer en vaker onbewust dan bewust: in je neus peuteren bijv., Iedereen ziet het maar jij zelf blijft het ontkennen, tot het moment dat je wordt opgenomen/gefotografeerd. Dat gedrag is lastig, voor sommigen zelfs onmogelijk, af te leren.

Ooit formuleerde ik een communicatieformule: $C = (V \times L)^1 + G^2$. Eenvoudig gezegd: je gedrag is (veel) belangrijker dan dat wat je zegt. Je kan zeggen dat de klant van je organisatie centraal staat, toch parkeer je je directie/managementauto naast de voordeur. Je blijkt goed ter been, dus dit zou niet nodig zijn. Het is zoiets als de hand die Mark Rutte enkele dagen eerder voor datzelfde Nederlandse volk gaf aan RIVM's Jaap van Dissel, terwijl hij juist daarvoor waarschuwde: 'Geen handen geven!'. Met zijn toespraak van 16 maart herstelde hij deze 'faux pas' op een mooie manier.

Overal camera's, 'je kan jezelf niet meer normaal gedragen...'. Of juist wel: als je jezelf maar bewust bent van je kernwaarden. Zeker als het er om spant. Besturen, ook managen en zeker (mogen) leiden is Top Sport. Niet iedereen lijkt dat voldoende te beseffen;

helaas. Maar, ook dat leren Rutte's voorbeelden: je krijgt van de populatie voldoende de kans om je fouten te herstellen.

"Tijdens een crisis dienen leiders toegankelijk te zijn. Omdat het niet altijd mogelijk is om door je bedrijf, hier door je land, te lopen en persoonlijk met collega's, laat staan met burgers, te praten, laat mensen weten hoe ze je het beste kunnen bereiken met statusupdates en vragen. Vooral tijdens een crisis hebben mensen de behoefte om vaak van hun leiders te horen. Als leiders kalm, bezorgd, deskundig en verantwoordelijk lijken, voelen mensen zich aangemoedigd en hebben ze meer vertrouwen dat alles onder controle is en dat het goed komt." How to Lead Through a Crisis.

Het tegenovergestelde is ook waar: 'Geen paniek!' roepen heeft vaak tot gevolg dat iedereen juist in paniek raakt. 'Niet hamsteren!' heeft hetzelfde effect, al helemaal als je stelt dat dit 'asociaal' is; zo blijkt helaas maar weer. Positieve formulering is aan te raden boven negatieve formulering: bij 'het gaat hier slecht' zijn je meeste toehoorders al vertrokken voor dat je bent uitgesproken. Bij 'het kan beter' is de kans groot dat de meerderheid juist bij je blijft.

"Momenteel wordt de mensheid geconfronteerd met een acute crisis, niet alleen vanwege het coronavirus, maar ook vanwege het gebrek aan vertrouwen tussen mensen. Om een epidemie te verslaan, moeten mensen wetenschappelijke experts vertrouwen, moeten burgers de overheid vertrouwen en moeten landen elkaar vertrouwen. Onverantwoordelijke politici hebben de afgelopen jaren opzettelijk het vertrouwen in de wetenschap, de overheid en de internationale samenwerking ondermijnd. Als gevolg hiervan worden we nu geconfronteerd met deze crisis zonder wereldleiders die een gecoördineerde wereldwijde reactie kunnen inspireren, organiseren en financieren." signaleert Yuval Noah Harari eerder deze week in In the Battle Against Coronavirus, Humanity Lacks Leadership: 'In de strijd tegen het coronavirus mist de mensheid leiderschap'.

Daarvoor lijkt 'iets' te zeggen. Zo blijkt dat de 'approval rate' van president Donald Trump in rap tempo daalt en dat in iets meer dan een week. 'Vertrouwen en het paard', je kent dat wel.

COVID-19 c.q. het coronavirus wordt (ook helaas) op veel vlakken een interessante wetenschappelijke casus, niet alleen v.w.b. de wereldwijde gezondheid en niet alleen v.w.b. de disruptie die de Chinese economie nu doormaakt, maar ook v.w.b. authentiek leiderschap in tijden van crisis. We scheiden ook wat leiderschap betreft waarschijnlijk 'het kaf van het koren'. Weinig zal, of op z'n minst kan, meer hetzelfde zijn na deze coronacrisis.

Hebben Studenten na COVID-19 nog een 4-jarige Opleiding Nodig?

Vanochtend ontving ik van een student het bericht dat ze geslaagd was met een 7! Mooi resultaat, zeker als je weet dat het programma van de Master Class die zij volgt, nog niet is afgerond. Nu we getransformeerd zijn naar virtueel onderwijs, en student thuis werkt, bood het haar de mogelijkheid deze MC versneld af te ronden.

Het coronavirus heeft de ontwikkeling van het Onderwijs in de hoogste versnelling gebracht. Hadden we het hier eerder over een VUCA wereld, da's nu volledig duidelijk: we zitten er middenin, en dat niet alleen voor het onderwijs. Het Onderwijs transformeert naar EdTech. Regulier onderwijs wordt aangevuld met virtueel c.q. onderwijs op afstand, sterker nog: in sommige gevallen neemt virtueel onderwijs het gehele programma over. MOOC's bestaan al veel langer, ze werden alleen nog nauwelijks binnen het reguliere maar ook commerciële onderwijs serieus genomen.

Het voorbeeld van vanochtend laat zien dat een student een virtueel programma volledig op eigen tempo kan volgen. Ze hoeft niet te wachten op de docent. Nou ja, als haar docent had ik mezelf aangepast aan haar tempo; waarom niet?

Het beantwoorden van de vraag in de titel vereist inzicht in welke delen van het model van een, hier als voorbeeld, 4-jarige opleiding, kunnen worden vervangen, welke delen kunnen worden aangevuld en welke delen worden opgezet mbv digitale technologieën. Nu wist ik wel 'iets' van EdTech, toch besloot ik de course 'How to Teach Online' te volgen, een MOOC die momenteel wordt aangeboden door Future Learn. Veel van de cursussen bij Future Learn worden opgezet door universitair medewerkers. Ook deze keer komen zij met interessante tips. Overigens, voor sommige courses wordt een vergoeding gevraagd, voor andere, zoals deze, niet.

Binnenkort start ik de jaarlijkse colleges, deze keer niet klassikaal maar in een virtuele omgeving waarbij ZOOM wordt ingezet; het privacy issue zal tegen die tijd zijn opgelost, verwacht ik. Bij een andere opleider werd, ook versneld, Microsoft Teams ingezet. Het regeringsbesluit 'geen studenten in gebouwen toe te laten' kwam zo onverwacht, dat deze virtual classroom voor 'mijn' studenten niet tijdig beschikbaar was. De studenten hebben om deze situatie ook niet gevraagd, dus besloot ik mijn PoPo's te voorzien van commentaar en deze op mijn YouTube kanaal te plaatsen. Aanvullend had/heb ik op de lesdag zelf met ieder van hen telefonisch contact.

Bewust koos ik hierbij voor een (héél) rudimentaire benadering (zie YT). Ook om te laten zien dat niet techniek maar kennisoverdracht binnen het onderwijs centraal dient te blijven staan, voor welke vorm van overdracht je ook kiest. En idd: de student die geslaagd is, behoort tot deze groep.

Naast Future Learn schieten momenteel sites met advies voor nieuwe onderwijsinitiatieven 'als paddenstoelen uit de grond'. De één nog interessanter dan de ander, in de Top tenminste (er is o.m. ook veel reclame). Wil je dat allemaal doornemen dan kom je niet meer toe aan binch-watching, laat staan aan het volgen van huisoptredens van de verschillende artiesten. Eén van die interessante is de speciale site van Harvard Business Publishing Moving Your Classroom Online. Normaal zit deze info achter een paywall, gezien de bijzondere omstandigheden stelt HBR deze info nu openbaar beschikbaar.

Een artikel op de site dat gerelateerd is aan 'trendwatching', toch hét thema van ManagementPro, is What the Shift to Virtual Learning Could Mean for the Future of Higher Ed: "Op dit moment dwingt de coronavirus pandemie wereldwijde tot experimenten met onderwijs op afstand. Er zijn veel aanwijzingen dat deze crisis vele aspecten van het leven zal veranderen. Onderwijs zou er daarvan één kunnen zijn, zeker als onderwijs op afstand een succes blijkt te zijn. Maar hoe weten we of dat zo is? Nu dit crisis-gedreven experiment van start gaat, zouden we gegevens dienen te verzamelen en aandacht dienen te besteden aan de volgende drie vragen over het bedrijfsmodel van het hoger onderwijs en de toegankelijkheid tot kwalitatief hoogstaand onderwijs:

- Do Students Really Need a Four-Year Residential Experience? (vandaar de titel van deze entry)
- What Improvements Are Required in IT Infrastructure to Make It More Suitable for Online Education?
- What Training Efforts Are Required for Faculty and Students to Facilitate Changes in Mindsets and Behaviors?

Over de laatste vraag merken Vijay Govindarajan en Anup Srivastava op: "Niet alle docenten voelen zich op hun gemak bij virtuele klaslokalen en er is een digitale kloof onder degenen die nog nooit de basis audiovisuele apparatuur hebben gebruikt, vertrouwend op schoolborden en flipcharts, en jongere docenten die zich bewust zijn van en bedreven zijn in nieuwere technologie." Jong/oud, daarin wil ik niet meegaan; ik zie dit eerder als een verschil in interesses. Het is net zoiets als de toepassing van disruptieve technologieën op de werkvloer: sommigen hebben er 'iets' mee, de robot als collega bijv., anderen niet. Docenten zijn net mensen.

V.w.b. de opmerking van de auteurs over dit 'crisis-gedreven experiment': wat we in alle hectiek dreigen te vergeten d.i. dat COVID-19 ons dwingt tot experimenteren. Om nu al direct een experiment tot 'de standaard' te verklaren, lijkt mij in veel gevallen idd ook wat snel.

De vraag die dan voor nu overblijft: 'Kunnen alle studenten na de crisis het beste terugkeren naar de klas en de status quo voortzetten? Of hebben we een beter alternatief gevonden?'.

Eerste ervaringen van Leidinggevenden met de COVID-19-pandemie voor hun organisatie.

'De COVID-19 pandemie, -crisis kent een mate van ernst, snelheid en onzekerheid die veel van de scenario's overstijgt die eerder werden voorzien. Voor sommige sectoren gaan de uitdagingen letterlijk over overleven, voor andere betekenen ze het handhaven van de operationele continuïteit, en voor weer andere houden ze in dat zij reageren op plotselinge enorme stijgingen in de vraag.'

De persconferentie van premier Rutte gisteravond maakt ook duidelijk dat een herstel van de economie voorlopig niet is te voorzien. Zoals in het citaat hiervoor: de coronacrisis leidt tot faillisementen, tot een aanpassing van je productie- en organisatieproces, maar ook tot nieuwe kansen en mogelijkheden. Op zich is dit niets nieuws, iedere crisis laat voor bedrijven en organisaties deze 3 scenario's zien. Toch blijkt opnieuw dat iedere crisis uniek is want: 'totaal niet verwacht' en als er al strategische scenario's beschikbaar waren, gebaseerd op eerdere ervaringen, dan voldeden c.q. voldoen die niet. We leven tenslotte in een VUCA wereld.

Belangrijk wordt het dan te kijken naar eerste ervaringen met een crisis zoals nu COVID-19. Wat kunnen we daarvan leren? Global management consultancy Arthur D. Little publiceert nu een rapport met daarin ervaringen van CEO's uit Azië en Italië. 'First learnings from global CEOs in the telecoms, transport and utility industries who delivered critical infrastructure services in Asia and Italy during the early spread of COVID-19'. Niet alleen voor multinationals interessant.

In gesprekken met 25 leidinggevenden werden de volgende vragen gesteld:

- Wat is tot nu toe de impact van COVID-19 op uw bedrijf?
- Wat heb je gedaan en ben je nog steeds van plan te doen om de uitdagingen aan te gaan?
- Welke belangrijke lessen heb je geïdentificeerd – vooral dingen die anders uitpakken dan je verwachtingen en plannen?
- Welke uitdagingen op het gebied van persoonlijk leiderschap zijn er, en hoe pak je deze aan?
- Wat doet u om te werken aan een snel herstel, met inbegrip van alle positieve punten die uiteindelijk uit de crisis zouden kunnen voortvloeien?

Uit die vragen volgden deze leermomenten voor organisaties, met citaten van CEO's:

- Acteer snel, ga uit van het ergste, wees volledig en zorg voor de veiligheid van de medewerkers en daarna voor de operationele continuïteit: "There is no time to waste – the time to act is now; better to make a mistake than to wait and to waste time.";
- Wees erop voorbereid het grootste deel van je tijd te besteden aan communicatie met medewerkers, focus op positiviteit en moreel, luister naar hen: "A new kind of leadership is required – the CEO needs to be a servant of

his employees and to maintain a certain level of focus on their projects.";

- ➢ Creëer een crisisteam voor kritieke operaties, ondersteun leveranciers en partners en wees innovatief met cashmanagement: "Anticipating the crisis was important; for us, planning had already started just after the Christmas holidays – the public was not aware.";
- ➢ Werk samen met de overheid en autoriteiten, werk samen met vakbonden en ondersteun lokale gemeenschappen: "Communication and good relationships in this sector are really crucial every day, and clearly in this moment it became 10 times more important.";

Begin nu al realistisch te plannen voor herstel en profiteer van potentiële kansen van de "nieuwe norm": "In any crisis, such as this, the strong will get stronger and the weak will get weaker. It accentuates your market position."

Leermomenten voor de leidinggevenden zelf:

Ben de juiste leider (op het juiste moment): "Be decisive but share the burden with your team; delegate as much authority as you can; keep yourself healthy both physically and mentally; focus on the immediate, but be constantly aware of the future."

Hoe reageer je op een crisis: "For now: Move fast, assume the worst and be comprehensive (not step-by-step); secure employee safety first and operational continuity next; be agile and flexible but with a firm underlying framework. For the future: Practice and stress-test your business continuity plans regularly, including when your operating or business model changes."

Communiceer, communiceer, communiceer: "For now: Keep staff closely informed, be straight, be detailed, and be prepared to spend most of your time on this; focus on positivity and morale, and listen as well as talk. For the future: Ensure that you have the right technologies and processes in place for efficient and effective smart working."

Bewaak de continuïteit van de organisatie: "For now: Create physically separate A and B teams for critical operations; actively support suppliers and ecosystem partners; be innovative with cash management. For the future: Put in place dynamic, sensing risk management systems across both internal operations and external supply chains, leveraging digital tools; build in better supply-chain and operational resilience."

Betrek je stakeholders/belanghebbenden: "For now: Collaborate closely and openly with government and authorities; engage with unions; reach out to and support local communities. For the future: Ensure that you "do the right things" now, because in the future your stakeholders will not forget what you did at this crucial time for the world."

Plan nu (al) voor herstel en groei: "Be realistic but start planning for recovery now; use separate teams to work on recovery when the crisis is still happening; leverage the potential of opportunities in the "new normal" of the future."

'Leidinggevenden van bedrijven spelen een cruciale rol om de wereld door deze crisis heen te helpen, en de beslissingen die zij vandaag nemen – vaak vanuit hun huis, digitaal verbonden met hun teams – zullen een grote impact hebben op de toekomst.' Idd, en die toekomst, die is nu.

Inspiratie voor de entry komt uit 'Leading businesses through the COVID-19 crisis First learnings from Hong Kong, Italy and Singapore' Arthur D. Little.

Leiders kunnen nu het verschil maken tijdens deze 'Perfect Storm'.

Een onverwachte crisis als Covid-19 is de ideaal (sic) situatie zodra het gaat om verandermanagement: welke organisaties hebben kans van overleven? Welke leidinggevenden zijn in staat hun medewerkers te leiden door deze 'perfect storm'? Welke organisaties resp. leidinggevenden lukt dat niet? Welke factoren zijn bepalend voor slagen dan wel falen? De onderzoeken daarnaar komen momenteel dagelijks binnen, de één nog interessanter dan de ander (zie event. ook de aan Covid-19 gerelateerde LI bijdragen die ik daar met regelmaat plaats #covid19 e/o volg hieronder de tag 'covid-19'); een synopsis van 2 van die recente onderzoeken.

"Hoewel we nog lang niet weten wat een 'best practice' is, ontstaan er wereldwijd al veel experimenten." aldus Harvard. "Leiders kunnen nu het verschil maken door persoonlijke verantwoordelijkheid te nemen, door het zorgen voor en het betrekken van al hun mensen." aldus McKinsey.

Onderzoekers van Harvard spraken met de CEO's van ruim 50 'veerkrachtige' bedrijven opererend in verschillende landen en sectoren. 'Veerkracht' blijkt al direct een cruciale voorwaarde voor succes te zijn. N.a.v. die gesprekken is de conclusie dat hoewel specifieke tactieken per bedrijf verschillen, de organisaties enkele gemeenschappelijke onderliggende principes delen:

Deze organisaties proberen te leren van opvallende, afwijkende signalen uit hun omgeving en passen hun activiteiten snel aan op basis van nieuwe informatie;

Ze werken actief samen met externe belanghebbenden (waaronder, in sommige gevallen, hun concurrenten) om informatie te bundelen en te verspreiden en de stabiliteit van hun ecosysteem te waarborgen;

Ze passen zich snel aan en veranderen soms hun waardepropositie om de steeds veranderende vraagomstandigheden te weerspiegelen en nieuwe groeimogelijkheden te ontdekken;

Ze passen hun benadering van HR-activiteiten aan om de levensvatbaarheid van het bedrijf te behouden en tegelijkertijd de veiligheid en het welzijn van werknemers te behouden;

Ze ondersteunen al deze activiteiten door een bewuste en proactieve inspanning om zo effectief en duidelijk mogelijk te zijn in hun communicatie naar zowel interne als externe belanghebbenden.

Vergelijkbare conclusies vinden we terug in een in april door A.D. Little gepubliceerd onderzoek; zie 'Eerste ervaringen van Leidinggevenden met de COVID-19-pandemie voor hun organisatie.'

Op basis van hun eerste ervaringen concludeert McKinsey: 'Leiderschap in moeilijke tijden vereist het opbouwen van culturele en psychologische bescherming voor werknemers. Een sleutel voor het creëren van dergelijke waarborgen is dat je jezelf persoonlijk verantwoordelijk houdt voor beslissingen, het welzijn van anderen en de prestaties van de organisatie. Een andere manier is het gebruik van medelevende woorden en daden om de door de crisis veroorzaakte schade te beperken en om de wilskracht en energie van de mensen van wie u afhankelijk bent en die van u afhankelijk zijn, te behouden, aan te wakkeren en te sturen.

Leiders die deze dingen goed doen, creëren doorgangen die mensen helpen om van een kamer genaamd 'angst' naar een kamer genaamd 'hoop' te gaan. Bekwame leiders ondersteunen die hoop ook door flexibele culturen op te bouwen, individualiteit te vieren en werknemers in staat te stellen op hun werk het beste uit zichzelf te halen.'

V.w.b. 'leiderschap' lijkt er, iig bij de v.w.b. het weerstaan van de 'perfect storm' succesvolle organisaties, de afgelopen periode voortgang te zijn geboekt. N.a.v. de eerste coronacrisis-signalen concludeerde Cognizant in februari nog 'Te veel leidinggevenden zijn traag, inflexibel, hiërarchisch, reageren niet en zijn overdreven gericht op korte-termijnrendementen.'

Harvard concludeert verder:

A vast majority of the initiatives that companies are implementing do not require large capital investments or radical innovation;

In such an interconnected and uncertain world, entire production networks are at risk of disappearing;

A common theme emerging from our interviews is the attempt to deliver a highly individualized HR management approach to support employees as they adjusted to completely new work and personal situations.

McKinsey concludeert:

No Excuses

'De eerste stap is om te stoppen met piekeren en te praten over wat je niet wist en misschien had gedaan voordat de crisis toesloeg, en wat je nu niet kunt beheersen. Belabberde leiders houden zich bezig met nutteloos praten over wat er zou kunnen zijn en wie de schuldige is, en excuses verzinnen voor het vertragen van hartverscheurende maar vitale acties.

Goede leiders voelen zich net zo bezorgd. Maar zij beseffen dat het erger wordt als ze zich niet concentreren op wat ze nu weten en nog steeds kunnen doen om mensen en prestaties te beschermen. Ze weten dat het irrationeel is om energie te besteden aan gebeurtenissen uit het verleden die onmogelijk te veranderen zijn of aan problemen die onmogelijk op te lossen zijn ten koste van haalbare en constructieve veranderingen.'

The buck stops here

'Slimme leiders vermijden niet alleen het maken van excuses tijdens crises maar concentreren zich op de kracht van het mogelijke. Zij weten ook dat het bewaken van de psychologie van het persoonlijk 'krediet', van schuld en controle ook een groot deel van de oplossing is. Een leider zijn, realiseren ze zich, betekent dat zij meer schuld én krediet krijgen dan ze verdienen voor het lot van hun organisatie.' (NB; 'The buck stops here': de schuld bij een ander leggen)

Slow down to speed up

'Zelfs als snelle actie essentieel is, weten verstandige leiders dat verschillende mensen slecht nieuws met verschillende snelheden en op verschillende manieren accepteren en verwerken. Ze weten dat het, om mensen in staat te stellen samen verder te gaan, soms het beste is om te vertragen, advies in te winnen en het 'emotionele werk' te doen dat nodig is om iedereen op dezelfde pad te krijgen.

Bekwame leiders beseffen ook dat mensen die worden getroffen door moeilijke beslissingen – waar de leider mogelijk weken mee heeft geworsteld – waarschijnlijk na de aankondiging tijd nodig hebben om van streek te raken, te herstellen en hun persoonlijke opties af te wegen.' (Zie Kübler Ross)

Principles to lead by

'Mensen zijn eerder bereid om verontrustende beslissingen te accepteren en uit te voeren als ze denken dat hun leiders om hen geven en proberen te doen wat het beste is voor het grotere goed in plaats van alleen voor zichzelf – zelfs als ze het niet eens zijn met beslissingen en daaronder zullen lijden.'

Voor nu tot slot:

"Nothing will be the same after the COVID-19 crisis. But, instead of being paralyzed by this thought, resilient companies all around the world are showing tremendous dynamism and willingness to embrace the challenge of making businesses stronger and safer in a sustainable way." Harvard Knowledge in Restarting Under Uncertainty: Managerial Experiences from Around the World.

"Leaders who care about employees do more than listen, express sadness and concern, and take comforting symbolic actions. They also know how important it is to implement tough and distressing decisions in the most humane ways possible." McKinsey in From a room called fear to a room called hope: A leadership agenda for troubled times.

Studiejaar 2020 – 2021: Virtueel onderwijs of toch maar terug naar de collegezaal?

"Ik ben blij dat ik de lessen bij jou 'live' heb kunnen meemaken Willem. Je scherpte, gevatheid, snelle interacties en alerte reactie op geluiden uit de groep hadden we anders moeten missen. Laat staan dat je snelheid van spreken, die de 78 toeren makkelijk nadert, virtueel niet te volgen zou zijn. Dus ja virtueel lesgeven én -volgen is een competentie op zich."

Op het moment dat ik mezelf al had ingesteld op het tijdens het studie-/collegejaar 2020-2021 verzorgen van virtueel onderwijs i.p.v. fysiek onderwijs, ontving ik gisteren deze feedback van een oud-student. De feedback waardeer ik, natuurlijk (thanx!), maar het zet me ook aan het denken.

Ik had, of althans het leek er op, mezelf al ingesteld op de rol van virtueel docent, een rol die (voorlopig?) niet zou veranderen. Een virtuele rol waarvan ik, waarschijnlijk meer nog dan veel van mijn collega's, besef dat die binnen afzienbare tijd ook kan worden overgenomen door disruptieve technologieën als robotica, kunstmatige intelligentie, machine leren. Als je zoals ik een voorstander bent van deze ontwikkeling, EdTech, kun je er niet op tegen zijn dat je rol verandert, verdwijnt zelfs. (NB; als je nog twijfelt, probeer dan even de virtuele assistent van je smartphone uit).

'As we speak' had ik nu summer courses verzorgd voor buitenlandse studenten. Studenten die jaarlijks uit o.m. de Verenigde Staten en Saudi Arabië naar de EU komen voor een aanvulling op hun curriculum. Maar niet alleen dat: zij maken in deze zomers handig gebruik om tussen de colleges door Europa te verkennen. En dat doen zij nog eens verstandig ook, opmerkelijk hoe zij hun opdrachten maken tijdens hun trein-, bus- en vliegreizen. Begin maart verzorgde ik nog een klassikale Master Class, medio maart gingen we 'op verzoek' van de Overheid plots virtueel. Niet veel later meldde een universiteit en een commerciële opleider me dat de summer courses dit jaar werden geschrapt.....

Een belangrijke reden dat studenten al generatieslang graag op een universiteitscampus zijn is het feit dat ze geruime tijd weg zijn bij hun ouders, dat zij zichzelf dan ook in meerdere opzichten kunnen ontwikkelen; zoals ook The Economist signaleert in het artikel 'The Absent Student'. Als je niet van huis weg kan, waarom ga je dan inloggen bij die universiteit voor virtueel onderwijs in een zomer die je ook anders kan besteden: aan het strand bijv.! Alle begrip dus, dat 'mijn' studenten deze zomer wegblijven, de vraag is nu alleen nog of zij 'ooit' nog terugkomen?

Terug naar medio maart: ook de opleider werd overvallen door de regelgeving 'stoppen met klassikaal onderwijs'. De virtuele omgeving was bij de eerstvolgende Master Class dan ook nog niet beschikbaar, of we 'zelf met onze studenten naar een oplossing wilde zoeken'. Studenten hebben hier ook niet omgevraagd, dus had ik met ieder van hen telefonisch contact en plaatste ik mijn PoPo's op mijn YT kanaal. 'Houtje-touwtje', maar het werkte; zo bleek uit de feedback.

De transitie van de reguliere en commerciële opleiders van klassikaal naar virtueel onderwijs o.i.v. Covid-19, volg ik met verhoogd interesse. Je kan jezelf momenteel geen betere casus v.w.b. 'verandermanagement' voorstellen, en dat ook nog eens bij instituten die studenten klaar willen stomen voor: Verandermanagement! (....) Waar de één alle opties openhoudt om de studenten op korte of langere termijn terug te brengen naar de collegezalen, lijkt de ander het aanbod van opleidingen vooral te richten op virtueel onderwijs. Kortom, 4 maanden lesgeven in een virtuele omgeving, ik kreeg er eigenlijk wel zin in. OK, en idd: mijn snelheid van spreken diende ik aan te passen en ik constateerde dat virtueel onderwijs om (veel) meer vraagt dan alleen voor je camera zitten. Maar ook dat is symptomatisch voor verandermanagement nl.: 'Veranderen'!

Prima, dacht ik, tot dat ik op LinkedIn het bericht deelde dat 'TiU-studente Sema dertigduizend handtekeningen verzamelt voor compensatie collegegeld' (NB; inmiddels zijn het ruim 47.000 handtekeningen). Snel werd me duidelijk dat het Sema Keskin en haar medestudenten niet ging om het collegegeld maar om de kwaliteit van onderwijs: krijgen zij waarvoor ze betalen? Niet dus. Volgens Sema kan het huidige virtuele onderwijs echt veel beter: "Je mist de interactie heel erg. Het zijn meer PowerPointpresentaties dan echt een livecollege. De online colleges verlopen chaotisch, docenten en professoren zijn onbereikbaar. Studenten leren meer uit een boek." Dat laatste is natuurlijk al een trieste constatering. Maar dat een docent voor een student niet bereikbaar is, dat kan er bij mij niet 'in': waarom ben je anders het onderwijs in gestapt? Je kerntaak als docent is m.i. vragen beantwoorden.

Overigens, op teruggave van collegegeld hoeven de studenten niet te rekenen want zowel Overheid als opleiders zijn van mening dat zij 'enorme inspanningen doen om het onderwijs zo goed mogelijk vorm te geven onder moeilijke omstandigheden.' Niet dus. Die mening deelt ook Pieter Duisenberg, voorzitter van de Vereniging van Universiteiten VSNU. Bij BNR Nieuwsradio merkt hij deze week op: "U zult mij niet horen zeggen dat de kwaliteit van virtueel onderwijs net zo goed is."

Als we het er dan allemaal over eens zijn, opleiders en studenten, dat we gezamenlijk nog niet beschikken over zowel de juiste technische mogelijkheden als over de voor virtueel onderwijs benodigde competenties, dan kunnen we constateren dat de transitie van fysiek onderwijs naar virtueel onderwijs nog lang niet klaar is. 2020-2021 zou hiervoor een tussenjaar mogen en kunnen zijn, veel langer mag het niet duren, maar in zowel maatschappelijk als economisch belang dient de student daarbij centraal te worden geplaatst. Wat mij betreft te beginnen bij het lager onderwijs, in de peuterspeelzaal zelfs. (NB; dat kan ook corona-vriendelijk)

"Scholen worden geconfronteerd met een toename van eisen voor korting op het collegegeld, meer hulp voor de studenten en meer studieverlof omdat studenten zichzelf afvragen of de universiteit nu een 'verheerlijkt Skype' wordt." The New York Times: 'As Colleges Move Classes Online, Families Rebel Against the Cost'.

'Was haben eigentlich die Lehrer die ganze Zeit gemacht?' Vragen (ook) Duitse studenten, en hun ouders zichzelf af 'Sie scheinen ein fatales Verständnis ihres Berufs zu haben.'.... Frankfurter Allgemeine.

'Hoe kun je rechtvaardigen dat studenten €50.000 collegegeld betalen als ze alleen maar onderwijs krijgen via Zoom?' Deze vraag wordt relevant nu 'Educational Technology' als alternatief voor regulier onderwijs in rap tempo het onderwijslandschap betreedt.

Voor veel onderwijsinstellingen is dat experimenteren met EdTech nu nog slechts in de vorm van Zoom-, teamsessies e.d. Terwijl het alternatief voor klassikaal onderwijs in de vorm van, vaak gratis, MOOC's al bijna een decennium beschikbaar is TIP: Massaal Openbare Online Cursussen gaan volgen (MOOC's), de zich snelst ontwikkelende trend in Opleiding en Ontwikkeling.

Het reguliere onderwijs staat dan ook voor een strategische keuze: digitaliseren naar virtueel onderwijs of klassikaal blijven met menselijke maat (ook tijdens Covid-19)?

Overigens, de keuze 'op een locatie of achter je scherm?' geldt binnenkort ook voor werkgevers bij het opleiden en leven lang ontwikkelen van medewerkers.

Bron: Onderwijs kan niet meer om het oprukkend techbedrijf heen; Het FD.

Over Bedreigingen en Kansen als gevolg van COVID-19.

"Vanaf 1 september wordt van het 23 verdiepingen tellende gebouw alleen nog tot en met verdieping 12 gebruikt. Daarboven wordt het ingewikkeld.", "Werkloosheid kan tot langdurige ontmoediging en een verder verlies van kennis en vaardigheden leiden. Een versnelling van de trends van digitalisering, automatisering en robotisering verandert de vraag naar werknemers.". "O.i.v. COVID-19 transformeert McGregor's Theorie Y (zelfmanagement) terug naar Theorie X (controle).", "Als je op afstand werkt, kan je werkgever zich uiteindelijk realiseren dat jij bij uitstek vervangbaar bent door iemand anders die je taak goedkoper doet aan de andere kant van de wereld.".

'Zo maar' 4 citaten uit berichtgeving deze week gerelateerd aan (mogelijke) gevolgen van covid-19. Het 1e betreft het provinciehuis in 's-Hertogenbosch, het 2e betreft rapportage van het Centraal Planbureau, het 3e is een artikel van Wharton prof Peter Cappelli, het 4e een artikel van Financial Times editor Andrew Hill. De 'rode draad': de coronapandemie leidt tot ingrijpende veranderingen, of kan op z'n minst daartoe leiden. Ze gaan over bedreigingen maar ook over kansen.

In een lift binnen het provinciehuis van Noord-Brabant waarin tot voor kort 12 mensen op één gepropt stonden kunnen er nu, a.g.v.

de ander-halve-meter-samenleving, nog maar 4. Dat betekent dat in 1,5 uur 200 mensen van de liften gebruik kunnen maken. Traplopen naar de 23e verdieping is ook geen optie, gevolg is: thuiswerken en jezelf als provinciebestuur afvragen wat je met dit flatgebouw gaat doen? Bron: 'Leegstand door 'liftproblemen' corona: Hoe hoger het gebouw, hoe lastiger'.

De prognoses over de arbeidsmarkt zoals het Centraal Plan Bureau die vandaag publiceert, geven bedreigingen aan maar ook kansen.

Bedreiging als: mensen die nu werkloos raken en studenten die de komende jaren afstuderen, ondervinden naar verwachting nog jarenlang nadeel van de coronacrisis. Ze hebben minder kans op een baan en als ze werk vinden, is het salaris doorgaans lager dan voor de crisis. Hoezo 'een Leven Lang Ontwikkelen'?

Kans als: de coronacrisis heeft de invoering van digitale technologieën versneld in bijvoorbeeld diensten als video vergaderen en online winkelen. Daarnaast zijn de digitale vaardigheden verbeterd door de uitgebreide mogelijkheden van thuiswerken.

CPB: "Door de coronacrisis wordt de Nederlandse economie op de korte termijn flink geraakt. Deze schade zal op de langere termijn slechts gedeeltelijk herstellen, zelfs in het geval dat het virus binnenkort helemaal onder controle is. De productiviteitsgroei zal langdurig lager zijn onder meer door verminderde innovatie en investeringen." Bron: 'Langdurige effecten van de coronacrisis voor de arbeidsmarkt'.

Nog interessanter is het HBR artikel Stop Overengineering People Management van Peter Cappelli. Anders dan bij productiewerkzaamheden was het volgen van de effectiviteit resp. productiviteit van kantoorwerk iets dat tot recent buitengewoon moeilijk was om te doen, waardoor optimalisatie, Lean of niet, nauwelijks te realiseren is. D.i. niet langer.

Nieuwe prestatiebeheersoftware, die toetsaanslagen telt en schermafbeeldingen vastlegt en analyseert om misstanden bij te houden, is slechts het topje van de ijsberg voor gegevensverzameling. Kant-en-klare software systemen zijn beschikbaar die al deze functies en meer bieden. Zoals identificeren met wie we afspreken en hoeveel tijd we met overleg doorbrengen. Die informatie vervolgens analyseert mbv modellen hoe lang het zou moeten duren om bepaalde projecten af te ronden; ook bij werken-op-afstand.

Peter Cappelli stelt dat we hiermee McGregor's Theorie Y (zelfmanagement) weer gaan inwisselen voor Theorie X (controle). De vraag is echter of je dat als werkgever daadwerkelijk wil.

Maar 'het één leidt al snel tot het ander': "Ik heb veel nagedacht over "Bob", merkt Andrew Hill op in zijn FT.com artikel If you can do your job anywhere, can anyone do your job? "Bob was een Amerikaanse softwareontwikkelaar die vanuit huis werkte voor een groot bedrijf. In 2013 bleek dat Bob zijn eigen baan had uitbesteed aan China. Hij stuurde een deel van zijn eigen salaris naar een Chinees adviesbureau om zijn werk te doen, zodat hij op Reddit kon surfen, op eBay kon handelen, Facebook kon updaten en kattenvideo's kon bekijken. (....)". Bob maakte daarbij in vroeg stadium handig gebruik van UpWork.com of vergelijkbare 'platformwerk-sites'*.

De beoordelaars merkten over Bob op: "Zijn codes functioneerden zonder problemen, waren goed geschreven en werden tijdig ingediend. Kwartaal na kwartaal werd hij in zijn prestatiebeoordeling aangemerkt als de beste ontwikkelaar in het gebouw." Alleen: 'Bob' was niet in het gebouw en Bob persoonlijk was niet eens de ontwikkelaar die de code schreef. Bob had al in een vroegtijdig stadium 'zelfmanagement' tot kunst verheven. De vraag is dan toch: was het voor de werkgever niet efficiënter geweest rechtstreeks met Chinese ontwikkelaars contact te leggen?

In de YT zien we Oxford prof en filosoof Luciano Floridi. Hij onderzoekt de combinatie ethiek en kunstmatige intelligentie, beiden vormen de basis voor een beleid gericht op strategisch human resources en robotica: de coöperatie van medewerkers en disruptieve technologieën. Hij merkt op: "Op een gegeven moment merken we dat we technologieën uitvinden die dingen voor ons doen, misschien zelfs beter en efficiënter. En langzaamaan passen wij ons aan de machine aan en niet andersom." Bron: Etica e intelligenza artificiale: il matrimonio che crea valore economico.

Een 'huwelijk dat economische waarde creëert' kan niet alleen economisch maar ook maatschappelijk van belang zijn wil onze samenleving op een gezonde manier uit deze coronacrisis komen. Daarvoor is nu 'alleen nog maar' naast een Beleid een organisatiestrategie nodig.

*In het zojuist bij Imaginable Futures & IDEO verschenen rapport 'Learning Reimagined' lezen we v.w.b. de toekomst van het beschikbare potentieel op platformwerk-sites: "'Het potentieel van Afrika zal in 2035 meer dan een miljard mensen tellen. COVID-19 laat bedrijven zien dat werken op afstand zeer effectief kan zijn. We hebben een geweldige kans om Afrikaans toptalent op wereldwijde banen te plaatsen zonder braindrain."

Over kernwaarden, over medewerkers, over organisatiedoelstelling, over je moreel kompas o.i.v. Covid-19.

Na zes maanden overleg met bijna 50% van de 83.000 medewerkers over de diepste drijfveren en over de behoeften van de samenleving van vandaag en morgen, waarop de organisatie zinvol kan inspelen, heeft THALES, actief in mobiliteit in de ruimste zin van het woord, als organisatiedoelstelling geformuleerd: "Building a Future We can all Trust." THALES CEO Patrice Caine ziet een 'Organisatiedoelstelling als je moreel kompas in tijden van crisis':

‘The current period is time to check our facts and transform our words into deeds. As such, it marks the beginning of a new era.’

Mooi, heel mooi zelfs maar dé uitdaging voor Caine c.s. wordt nu de uitvoering van e.e.a. of zoals MIT Sloan uit recent onderzoek concludeerde ‘Company practices often conflict with corporate values.’

MIT Sloan’s conclusie sluit aan bij dat wat onderzoeker Chris Bart in 1997 concludeerde, nadat hij senior managers van 88 grote Noord-Amerikaanse bedrijven had gevraagd naar de missies van hun bedrijven, dat ‘de overgrote meerderheid aan missies het papier waarop ze zijn geschreven niet waard is’: ‘Sex, Lies and Mission Statements’.

Overigens, hoewel tekstueel soms flinterdun is er (zeker) een verschil tussen de doelstelling, de missie en de visie van een organisatie. ‘Goal: general statement of aim or purpose; Mission statement: overriding purpose in line with the values or expectations of stakeholders; Vision: desired future state, the aspiration of the organisation.‘: Exploring Strategy.

MIT Sloan: ‘Critics dismiss Corporate Value Statements as cheap talk with no impact on employees’ day-to-day behavior. Recent corporate scandals support the skeptics’ view. Volkswagen, Wells Fargo, and Barclays each included ethics or integrity among their core values in the years before their wrongdoings were discovered, while Boeing hit the trifecta by listing integrity, quality, and safety among its “enduring values.’ Wij kennen in ons land ook enkele vergelijkbare schandalen. Wat te denken bijv. van Vestia en Imtech resp. van de manier waarop sommige IT leveranciers omspringen met gemeenschapsgeld.

‘Waarden dienen actiegericht, onderscheidend en gekoppeld te zijn aan resultaten.’ MIT Sloan in When It Comes to Culture, Does Your Company Walk the Talk?.

Met waarden benoemen alleen ben je er dus niet. Of zoals prof. Francesca Gino opmerkt in Is Happiness at Work Really Attainable?: 'Ik denk dat het gemakkelijk is om waarden als woorden op de muren van je organisatie te plaatsen. Ik denk dat het moeilijk is om consequent gedrag te vertonen op alle niveaus van de organisaties waar je die waarden omarmt. Het is een beetje alsof alle organisaties tegenwoordig willen samenwerken en daarom zetten ze het woord samenwerking aan de muur of halen ze die muren neer. Maar dat werkt niet. Het gaat meer om wat het dagelijkse gedrag is in elke interactie die plaatsvindt in de organisaties.'

In The Financial Times schrijft business columnist Pilita Clark over THALES's nieuwe organisatiedoelstelling en merkt daarbij op: 'Out of curiosity, I rang Thales to ask Mr Caine how he would know if his new purpose statement had worked. "That's a very good question," he said. "I really ask this question myself many times." He said it would take time, though he had been pleased by how many staff said they appreciated the move in the Covid-19 crisis.' The baffling search for purpose in a purpose statement.

Hoewel de nieuwe doelstelling van THALES niet verrassend mag lijken, leert de bijdrage van Thales CEO Patrice Caine ons dan ook nog iets anders.

- Hoewel soms flinterdun is er een verschil tussen de organisatiedoelstelling, de missie en de visie van een organisatie.
- Als je (één van) deze 3 formuleert doe je dat het best samen met je team ipv op advies van externen.

Heb je nu, ondanks of dankzij (...) Covid-19, voor je organisatie toch geen behoefte aan een doelstelling, een missie, een visie of ben je zoals premier Mark Rutte van mening dat: 'Visie is als de olifant die het uitzicht belemmert'? Dan reageert Harvard prof. Peter Cappelli daarop met: "If you don't know where you're going, any road will take you there....". En hij bedoelt dat niet positief.

Inspiratie voor deze entry komt o.m. uit Patrice Caine's LinkedIn bijdrage 'Corporate purpose as a moral compass in the crisis'.

'Je moet ook vasthoudend durven zijn. Want voortdurend maar je dilemma's en twijfels met je mensen delen, daar worden ze ook moe van.' Feike Sijbesma (v/m CEO DSM) en Rob Bauer (Commandant der Strijdkrachten) in het Het FD artikel 'Corona liet zien dat Nederland te weinig weerbaar is'.

Een Robot heeft geen Advies nodig.....

Eerder dit jaar aan het begin van de coronapandemie vroeg ik mezelf, in de entry 'Toekomst van Onderwijs: EdTech?' af wat mijn toekomst als docent nog zou zijn? Studenten volgen virtueel onderwijs, solitair op hun kamer starend naar een scherm, en kunnen zichzelf, zoals Eric in South Park, binnen 'no-time' onzichtbaar maken. Maar dat geldt ook voor mij als hun docent: koppel de vanaf hun kamer door studenten aan het scherm gestelde vragen aan het zoeksysteem van Google, zoals home appliances dat doen, en terwijl de studenten naar mijn avatar staren ontvangen zij het virtuele antwoord.

Had ik mezelf daar al bijna bij neergelegd, realiseer ik me dat dit proces ook kan opgaan binnen mijn rol als organisatie ontwikkelaar, als adviseur maar dan omgekeerd....

Interessante onderzoeken over de impact van Covid-19 op organisaties en organiseren vallen momenteel over elkaar heen (NB; niet interessante onderzoeken nog veel meer, maar d.i. redelijk van elkaar te scheiden: bronnen). 'We're living in interesting times', zeggen we dan. De corona pandemie als één groot onderzoekscentrum en macaber genoeg vallen er bij dergelijke scenario's altijd slachtoffers; helaas.

Zo verschijnt van het IBM Institute of Business Value resultaat uit onderzoek onder 3.500 CEO's uit 20 landen. Ongeveer 60% van hen meldt dat zij de implementatie van disruptieve technologieën en de digitale transformatie van hun organisaties versnellen. Sterker nog: zij hebben recent op dit gebied initiatieven kunnen voltooien die vóór covid19 op weerstand stuitten..... Aanvullend daarop merkt McKinsey, n.a.v. hun onderzoek, op 'Acceptatie van digitale en disruptieve technologieën heeft oiv Covid-19 een enorme sprong voorwaarts gemaakt, zowel op organisatorisch als op brancheniveau.'

Tijdens een Master Class Strategisch Management informeerde ik studenten, jonge managers uit het brede werkveld, o.m. over het fenomeen 'platooning'. Op een enkeling na, automotive branche, was dit principe bij hen onbekend. Logistieke producenten testen al meerdere jaren 'platooning'. Platooning is één van de disruptieve technologieën. 'Disruptie' omdat er gevolgen kunnen zijn voor meerdere bedrijfstakken. Voor platooning zijn minder (uiteindelijk geen...) chauffeurs nodig, bezoek aan wegrestaurants valt weg (ook daar personele gevolgen; overigens: ook in restaurants kunnen medewerkers nu al worden vervangen door autonome trollies resp. een gerobotiseerde keuken), bij overgewicht van chauffeurs valt het ziekenhuisbezoek weg, wordt er uiteindelijk bespaard op de gemeenschappelijke ziektekosten.

'Als het kan, dienen we het niet altijd te willen', merkte een student op. Mee eens. Da's nl. een strategische keuze: kies je voor een 'business model' gericht op disruptieve technologieën zoals robotica, machine leren, kunstmatige intelligentie, of kies je voor de menselijke maat? Het ziet er nu naar uit dat enkele logistieke partijen platooning versneld gaan toepassen. Dit was tegelijkertijd een voorbeeld van een menselijke advies, die tijd lijkt nu ook bijna voorbij.

Oracle en Workplace and Intelligence publiceren de resultaten van een onderzoek, uitgevoerd tijdens deze coronapandemie, met als conclusie '64% of People Trust a Robot More Than Their Manager. Sterker nog '80% said they were open to having a robot as a therapist or counsellor'. Leidinggevende, coach zelfs therapeut vervangen door robot, door kunstmatige intelligentie: de medewerker lijkt er klaar voor! Dit deed me denken aan een recent voorval.

Een thuiswerkend medewerker die al ruim 14 dagen geen contact heeft gehad met haar leidinggevende. De directie van dezelfde organisatie houdt er een andere mening op na: relatief veel van hun op-afstand-werkende medewerkers zijn voor hen niet of nauwelijks bereikbaar. Op het voorstel 'Management by walking around' wellicht? , was de reactie: 'Weet je wel waar zij allemaal wonen?!!'..... Een robot zal met het leggen en het onderhouden van dit contact minder moeite hebben.

De mens als leidinggevende lijkt dan uiteindelijk zijn (haar kan wellicht ook) langste tijd te hebben gehad. Interessant, maar de vraag is vervolgens ook of een robot-leidinggevende c.q. een continue aan de giga digitale informatie gekoppelde kunstmatige intelligentie nog een menselijk advies nodig heeft?

96% Nederlandse bedrijven versnelt digitalisering werkprocessen oiv Covid-19.

96% van de Nederlandse bedrijven verstelt het proces van digitalisering van de werkprocessen m.b.v. disruptieve technologieën als robotica, machine leren, kunstmatige intelligentie, onder invloed van de gevolgen van Covid-19 voor hun organisatie. Dit blijkt uit het zojuist door het World Economic Forum gepubliceerde 'The Future of Jobs Report 2020'. Nu was de invloed van disruptieve technologieën op werk en werknemers al eerder cruciaal onderwerp in vorige TFoJ rapporten, deze keer zorgt de combinatie met Covid-19 voor dat wat de onderzoekers van het WEF 'a double-disruption scenario for workers' noemen.

Voordat ik op dat laatste inga, eerst maar de overige percentages van de bij dit onderzoek betrokken NL organisaties onder het kopje 'Impact of COVID-19 on companies' strategy':

- 88% van hen biedt meer mogelijkheden om op afstand te werken;
- 64% versnelt de digitalisering van bijscholing / omscholing;
- 44% versnelt de automatisering van taken;
- 40% versnelt lopende organisatorische veranderingen.

Je merkt: organisaties die het nu moeilijk hebben, anders gezegd: die geen toekomst kunnen bieden vwb banen (...), komen in dit rapport niet aan bod. Meer over de impact van de 'dubbel disruptieve combinatie' van digitalisering en Covid-19 voor arbeid en medewerkers in ons land, lees je in de entry 'Nederland in The Future of Jobs report 2020, een synopsis'.

'Double disruption'....

"Automatisering zorgt, samen met de recessie van COVID-19, voor een scenario van 'dubbele verstoring' voor werknemers. Naast de huidige verstoring door de pandemie-geïnduceerde lockdowns en economische krimp, zal de disruptief technologische acceptatie door bedrijven taken, banen en vaardigheden tegen 2025 veranderen.

Drieënveertig procent van de (NB; wereldwijd; ws) ondervraagde bedrijven geeft aan dat ze hun personeelsbestand zullen inkrimpen als gevolg van technologische integratie. 41% is van plan om meer gebruik te maken van aannemers voor gespecialiseerd werk, en 34% is van plan om hun personeelsbestand uit te breiden dankzij technologie-integratie.

In 2025 zal de tijd die mens en machine aan huidige taken op het werk besteden gelijk zijn. Een aanzienlijk deel van de bedrijven verwacht ook veranderingen aan te brengen in locaties, in hun waardeketens en de omvang van hun personeelsbestand vanwege factoren die verder gaan dan alleen technologie in de komende vijf jaar." aldus de onderzoekers van het WEF.

Nieuwe technologieën in het werkproces vragen om her- en bijscholing:

WEF: "De vaardigheidstekorten blijven groot naarmate de vraag naar vaardigheden voor banen in de komende vijf jaar verandert. De belangrijkste vaardigheden en vaardigheidsgroepen die volgens werkgevers in de aanloop naar 2025 steeds belangrijker worden, omvatten groepen zoals kritisch denken en analyseren, evenals probleemoplossing, en vaardigheden in zelfmanagement zoals actief leren, veerkracht, stresstolerantie en flexibiliteit.

Bedrijven schatten gemiddeld dat ongeveer 40% van de werknemers een omscholing van zes maanden of minder nodig zal hebben en 94% van de leidinggevenden geeft aan dat ze verwachten dat werknemers nieuwe vaardigheden opdoen tijdens het werk, een sterke toename van 65% in 2018."

Herscholing, bijscholing, investeren in de continue ontwikkeling van je medewerkers (NB; hoe was het ook alweer: 'Een leven Lang Ontwikkelen' maar hoe dan?')

WEF: "De kans om werknemers bij te scholen en te ontwikkelen is korter geworden op de nieuwe krappe arbeidsmarkt. Dit geldt zowel voor werknemers die waarschijnlijk in hun functie zullen blijven als voor degenen die het risico lopen hun rol te verliezen als gevolg van de aan de stijgende recessie gerelateerde werkloosheid en die niet langer kunnen verwachten dat ze zich op het werk zullen herscholen. Voor de werknemers die in hun functie blijven, is het aandeel van de kernvaardigheden dat in de komende vijf jaar zal veranderen 40%, en 50% van alle werknemers zal bijgeschoold moeten worden."

Hoewel relatief veel medewerkers ontwikkeld kunnen worden richting een nieuwe realiteit en er nieuwe banen/functies kunnen ontstaan, is de schaduwkant van deze 'dubbele disruptie' dat diversiteit, gelijkheid, inclusiviteit onder druk komen te staan als er niet tijdig, nu al, maatregelen worden genomen om dit te voorkomen.

WEF: "Als er geen proactieve inspanningen worden geleverd, zal de ongelijkheid waarschijnlijk worden verergerd door de dubbele impact van technologie en de pandemische recessie. Banen van lager betaalde werknemers, vrouwen en jongere werknemers werden zwaarder getroffen in de eerste fase van de economische krimp. Als we de impact van de wereldwijde financiële crisis van 2008 op personen met een lager opleidingsniveau vergelijken met de impact van de COVID-19-crisis, is de impact van vandaag veel groter en zal het waarschijnlijker zijn dat bestaande ongelijkheden worden verdiept."

Om, voorlopig, af te sluiten met het goede nieuws: "Ondanks de huidige economische neergang erkent de overgrote meerderheid van de werkgevers de waarde van investeringen in menselijk kapitaal. Gemiddeld 66% van de ondervraagde werkgevers verwacht binnen een jaar een rendement op de investering in bijscholing en omscholing te behalen."

Da's mooi maar toch met een kanttekening: "In de context van de huidige economische schok dreigt deze tijdshorizon voor veel werkgevers echter te lang te worden, en bijna 17% van hen blijft onzeker over het rendement op hun investering. Gemiddeld verwachten werkgevers tegen 2025 aan iets meer dan 70% van hun werknemers omscholing en bijscholing aan te bieden.

De betrokkenheid van werknemers bij die cursussen blijft echter achter: slechts 42% van de werknemers maakt gebruik van door de werkgever ondersteunde omscholings- en bijscholingsmogelijkheden."

De vraag bij de laatste constatering is dan toch: wie is er eigenlijk verantwoordelijk voor jouw carrière, jij of je werkgever?

Inspiratie voor deze entry: het WEF rapport The Future of Jobs Report 2020.

Betere banen creëren in een tijdperk van Intelligente machines

In tweeënhalf jaar tijd zijn autonome voertuigen, robotica en kunstmatige intelligentie er opmerkelijk snel op vooruitgegaan. Maar de wereld is daarmee niet veranderd, op zijn kop gezet door automatisering en disruptieve technologieën, net zo min als de arbeidsmarkt. Ondanks enorm investeringen zijn de technologische deadlines opgeschoven, als onderdeel van een normale evolutie, terwijl ademloos gevolgde beloften veranderen in proeftuinen, in bedrijfsplannen en (te) vroege implementaties – allemaal het ijverige, zij het het prozaïsche werk om echte technologieën te laten werken in een echte omgeving, dat om te voldoen aan de eisen van hardnekkige/eigenwijze klanten en managers.

Maar als ons onderzoek de dystopische visie van robots die arbeiders van fabrieksvloeren laten verdwijnen of kunstmatige Intelligentie die menselijke expertise en oordeelsvorming overbodig maakt niet bevestigde, maakte het onderzoek wel iets duidelijk dat even schadelijk is: midden in een technologisch ecosysteem dat een stijgende productiviteit oplevert en een economie die veel banen oplevert (tenminste tot de COVID-19-crisis), vonden we een arbeidsmarkt waarin de vruchten ongelijk verdeeld zijn, vruchten leidend naar de top van de organisaties en de top van de samenleving zodat de meerderheid van de medewerkers maar een heel klein beetje proeft van een enorme oogst.

Voorgaande is de inleiding van een interessant/relevant rapport van MIT's Work of the Future Task Force getiteld 'Building Better Jobs in an Age of Intelligent Machines', een tijd van disruptieve technologieën. "In this context, MIT President L. Rafael Reif commissioned the MIT Task Force on the Work of the Future in the spring of 2018. He tasked us with understanding the relationships between emerging technologies and work, to help shape public discourse around realistic expectations of technology, and to explore strategies to enable a future of shared prosperity." Opent het uitgebreide rapport dat ten grondslag ligt aan grondig onderzoek. Een onderzoek dat (om hier 'snel door de bocht te gaan') concludeert, en vervolgens beleidmakers in zowel publieke als private sector adviseert:

- investeer in, en innoveer, de opleiding en ontwikkeling van medewerkers;
- verbeter de kwaliteit van werk;
- geef innovatie vorm en breidt de mogelijkheden uit.

Toelichting:

Policy Area One: Invest And Innovate In Skills And Training (ik zou zeggen: 'daar is ie weer')

Technologische innovatie vereist dat je medewerkers beschikken over sterke basisvaardigheden en gespecialiseerde training. Het huidige systeem voor zowel het opleiden van nieuwkomers in het personeelsbestand als degenen die momenteel werkzaam zijn maar ook de 'ontheemden' (NB; degenen die eigenlijk niet meer passen in hun functie, achterop raken door een gebrek aan kennis en vaardigheden), is versnipperd en ongelijk in kwaliteit. Het biedt echter wel flexibiliteit waardoor medewerkers op verschillende momenten in hun loopbaan in en uit het systeem van opleiden en ontwikkelen kunnen stappen.

Talrijke publieke, particuliere en non-profit opleidingsinitiatieven bestaan in het hele land, wereldwijd zelfs, hoewel in de praktijk vaak blijkt dat deze initiatieven tot opleiden slechts min of meer minder succesvol zijn of ze zijn niet geëvalueerd (hoezo succesvol een 'Leven Lang Ontwikkelen'?). Opleidingen die bewezen succesvol zijn op basis van een grondige evaluatie, dienen te worden opgeschaald om veel meer medewerkers te kunnen bedienen. Nieuwe technologie, inclusief online instructies, op basis van kunstmatige intelligentie geleide leersystemen en virtual reality-tools, bieden innovatieve manieren om te opleidingen toegankelijker, betaalbaarder en boeiender te maken voor studenten, medewerkers en werkzoekenden in alle stadia van de levenscyclus.

Policy Area Two: Improve Job Quality.

Een fors aandeel van de werkgelegenheid bestaat nog steeds uit traditioneel laagbetaalde servicetaken zoals schoonmaak en terreinbeheer, foodservice, beveiliging, entertainment, recreatie en thuiszorg. Daarnaast kennen wij ook nog het specifieke systeem van flexwerk. Met de opkomst van nieuwe technologieën staan deze functies onderdruk. Het break even punt mens/robot nadert (ook) in rap tempo.

De tweede prioriteit dient dan ook te zijn de positie van medewerkers/werknemers te verbeteren door de arbeidswetgeving te versterken, de werkloosheidsverzekering te vernieuwen (universeel basis inkomen?), de ongelijkheid in beloning af te schaffen en verschillen in inkomen/vermogen tussen een (kleine) populatie die profiteert van deze disruptie en een (grote) populatie die niet tot nauwelijks profiteert, tegen te gaan.

Policy Area Three: Expand and Shape Innovation.

Innovatie is de sleutel tot het creëren van banen en welvaart, en het aangaan van toenemende concurrentie-uitdagingen vanuit het buitenland. (ook) Ons land dient zich te committeren aan een gerichte innovatieagenda en tegelijkertijd het creëren van sociale voordelen en de continue deelname van medewerkers aan arbeid in plaats van hen te vervangen. Innovatie dient te worden ingezet ten voordele van alle belanghebbenden. Ervaring heeft inmiddels aangetoond dat het stimuleren van innovatie waardevol is bij het genereren van economische groei, het versterken van onderwijsgebieden en uitmuntend onderzoek en het creëren van nieuw mogelijkheden van werk en banen.

De onderzoekers van MIT's TFoW concluderen:

"De 21e eeuw zal een opkomst van nieuwe technologieën laten zien, waarvan sommige die nu in opkomst zijn en waarvan sommige ons zullen verrassen. Als die technologieën echter worden ingezet in de huidige arbeidsinstellingen, arbeid zoals dat was ontworpen voor de vorige 20e eeuw, dan zullen we de bekende resultaten zien: stagnatie in zowel ontwikkeling als kansen voor de meerderheid van de beroepsbevolking, vergezeld van enorme beloningen voor een gelukkige minderheid."

Idd, tijd voor Actie! Of hadden we dit al niet veel eerder dienen op te pakken?

Op weg naar nieuwe economische systemen die productiviteit, mensen en planeet combineren.

De zojuist bij het World Economic Forum verschenen speciale editie van het 'Global Competitiveness Report 2020' gaat in op het bepalen van prioriteiten voor herstel en opleving van economie en samenleving, en het creëren van bouwstenen voor een transformatie naar nieuwe economische systemen, systemen die doelstellingen v.w.b. productiviteit, mensen en planeet combineren. Een ambitieuze doelstelling vastgelegd in een interessant rapport.

Zoals vaker stelt het WEF vervolgens een ranglijst samen, deze keer v.w.b. 'de manier waarop landen het beste in staat zijn om zich op de langere termijn te veranderen' c.q. zich voor te bereiden. Ons land scoort een 4e plaats en daartoe lijken de reguliere media zich vanochtend te beperken. Da's jammer, want je zou vervolgens kunnen denken '4e van 126 landen, mooi zo' en het daarbij vervolgens laten. Maar het rapport biedt meer en het blijkt dat (ook) wij er nog lang niet zijn voor een duurzaam herstel na Covid-19 (of is het 'tijdens', want de gevolgen van de coronapandemie voor samenleving en economie lijken voorlopig nog niet uitgewerkt).

"De combinatie van gezondheids- en economische problemen in 2020 heeft invloed gehad op het levensonderhoud van miljoenen huishoudens, verstoorde bedrijfsactiviteiten en legde m.n. binnen sociale media breuklijnen bloot in economische en persoonlijke bescherming en in gezondheidszorgstelsels. Deze crisis versnelde de effecten van de 4e Industriële Revolutie over handel, vaardigheden, digitalisering, concurrentie en werkgelegenheid, en benadrukte de ontkoppeling tussen onze economische systemen en maatschappelijke veerkracht." opent het rapport GCR Special Edition 2020: How Countries are Performing on the Road to Recovery.

Dit onderzoek richt zich op het herstellen en transformeren van

- een stimulerende omgeving;
- menselijke vermogens;
- nationale en internationale markten;
- een innovatie eco-systeem.

Kort toegelicht:

Reviving and transforming the enabling environment: de overheid dient een stimulerende omgeving te bieden aan economie en samenleving (te denken valt o.m. aan de economische stimulans zoals onze overheid dat momenteel doet). Een grotere mate van digitalisering van openbare diensten toepassen (denk ook aan disruptieve technologieën) is een eerste stap. De volgende stap is dat de overheid het vertrouwen van het publiek herwint door het dienen van de burgers.

Reviving and transforming human capital: overheden dienen zich er op toe te leggen dat tijdelijk- en flexwerk door opschaling van omscholings- en bijscholingsprogramma's en door het heroverwegen van een actief arbeidsmarktbeleid, leidt tot nieuwe kansen op de arbeidsmarkt. (te denken valt aan het eerder dit jaar geïntroduceerde 'leven lang ontwikkelen' programma). In de transformatiefase dient het onderwijs de onderwijscurricula te actualiseren en uit te breiden naar de vaardigheden die nodig zijn voor banen in de "markten van morgen". Tegelijkertijd dienen werkgevers nieuwe talentmanagementtechnologieën te introduceren en zich aan te passen aan de nieuwe behoeften van hun medewerkers.

Reviving and transforming markets: aandacht vanuit de overheid voor zowel het herstel als het veranderen van de financiële markten staat daarbij op No. 1 (zeker nu duidelijker wordt dat de maatschappelijke rol van de bestaande banken steeds meer onder druk komt te staan). Succes van de 4e Industriële Revolutie vereist voor alle partijen een brede toegang tot lokale en internationale (ook virtuele) markten. Zowel het internationale goederen- als personenverkeer (denk daarbij ook aan het virtuele verkeer van overdracht van kennis en kunde) dient beter in balans te worden gebracht voor het wereldwijd creëren van lokale welvaart en het internationaal stimuleren van strategische veerkracht.

Reviving and transforming the innovation ecosystem: op dit gebied is onlangs een paradox ontstaan: een positieve evolutie van de ondernemerscultuur in het afgelopen decennium maar de oprichting van nieuwe bedrijven en baanbrekende technologieën is tot stilstand gekomen. Om deze complexiteit te beheersen dienen overheden investeringen in R&D te stimuleren net zoals in risicokapitaal, de verspreiding van reeds bestaande, maar nog te weinig toegepaste, (disruptieve) technologieën te bevorderen, daarbij de oprichting van nieuwe bedrijven te ondersteunen en werkgelegenheid te creëren voor de "markten van morgen".

Nederland mag in dit overzicht dan op een 'mooie' 4e plaats staan, dit 'succes' lijkt meer te zeggen over de 122 landen die na ons komen dan over onze economie en samenleving. 'Werk aan de winkel' dus en met dat werk kunnen we gezamenlijk het best zo snel mogelijk beginnen; laat ik zeggen: 1e voornemen voor 2021.

Deel 2: LIJDEN

Is het ethisch jongeren op te leiden voor een vak dat er straks niet meer is?

Nadat ik de open brief las, die Marjolein Moorman, wethouder onderwijs in Amsterdam, samen met VNO NCW, MKB Nederland en Ondernemend Amsterdam, aan de Minister President stuurt, lees ik het artikel 'AI-powered robots are now teaching in this Bengaluru school'.

Ondernemend Nederland doet een oproep aan het Kabinet om meer geld in het basis onderwijs te stoppen en daarmee het structurele tekort aan leraren op te lossen. De oproep is terecht maar de vraag is of het aanbod op de arbeidsmarkt aan de vraag van niet alleen het Onderwijs, wat te denken van Zorg maar ook Defensie, kan voldoen los van de hoeveelheid geld die je daarvoor beschikbaar stelt. Voor nagenoeg alle sectoren is de vraag naar medewerkers groter dan het aanbod en als je er van uitgaat dat 'de mens' hier de enige oplossing is voor je probleem, dan blijft dat tekort voor langere tijd, wat te denken van de piek in vergrijzing van je huidige medewerkers, bestaan.

Momenteel kunnen de robots studenten les geven in natuurkunde, scheikunde, biologie, geschiedenis en aardrijkskunde. En in de toekomst zal het ontwikkelingsteam de robots in staat stellen om andere vakken te onderwijzen, zoals Engels en wiskunde.

Lees ik in het artikel over de school in Bangalore, India.

Wat ik opmerkelijk vind aan de open brief, de ondertekenaars vertegenwoordigen zeker niet de minste bedrijven, dat is dat er voorbij wordt gegaan aan de technologische ontwikkelingen in het Onderwijs. Experimenten met robotica in de Onderwijs zijn zeker niet nieuw. Zo deden onderwijsinstellingen in o.m. Silicon Valley en Finland al ervaring op, ervaring die o.m. leert dat de kinderen enthousiast zijn maar hun ouders minder. (NB: dat zie je vaker bij 'verandermanagement': jongeren adopteren e.e.a. snel, ouderen bekijken de ontwikkeling angstvallig). En nu dan India.

In een ongekend project heeft Indus International School door AI aangedreven robots – Eagle, Eagle 1.0, Eagle 2.0 – ingezet om les te geven in klaslokalen. Ze worden echter niet verondersteld menselijke leraren te vervangen. Ze zullen eerder de twijfels van studenten wegnemen en leraren ook helpen bij het verstrekken van extra informatie.

Eenvoudig gezegd: de leerkracht kan doen wat hij/zij altijd al had willen doen: leerlingen ondersteunen (NB: in de open brief staat dat 'technologische ontwikkelingen goed onderwijs noodzakelijk maken' idd, dan is het handig dat je als leerling met die ontwikkelingen al op de basisschool kennismaakt). I.d. zie je ook in Japan: kunstmatige intelligentie en robotica maken het voor verzorgenden en verpleegkundigen mogelijk dat zij dat doen waarom zij voor het vak hebben gekozen: verzorgen en verplegen. Deze samenwerking mens/robot impliceert ook dat je (veel) minder mensen nodig hebt.

Eerste passagiers reizen mee in autonoom rijdende trein.

Lazen we vorige week. De rol van de machinist lijkt uitgespeeld, tegelijkertijd kun je jezelf nog steeds op laten leiden tot treinmachinist. Wat voor de treinmachinist geldt, geldt ook voor de vrachtwagenchauffeur: eind vorig jaar kwam het Ministerie van Infrastructuur en Waterstaat met een 'experimenteerwet': onderzoek naar systeemverantwoordelijkheid van de zelfrijdende auto. 'Binnenkort ook in uw buurt'. Wat te denken van de JSF of F35, dit toestel kan autonoom opereren. Dat we nog steeds piloten opleiden, m.b.v. een kostbare opleiding, heeft o.m. te maken met voorgaande verandermanagement opmerking 'angst', maar ook met ethiek: dat een robot ons doodt, dat kan er nog niet in.

Begin van het jaar sprak ik met een jonge student, later dit jaar studeert zij af als tandarts. Op mijn vraag of er tijdens de opleiding is stilgestaan bij de invloed van robotica resp. kunstmatige intelligentie op het tandarts vak?. Reageerde ze dat techniek een onderdeel was van de opleiding maar dat haar vak binnen afzienbare tijd ingrijpend zou kunnen transformeren, nee dat niet.

Vrijdag sprak ik studenten die Master Classes Business Development volgden. Op mijn vraag of tijdens de lessen het gedachtengoed van 'disruptie professor' Clayton Christensen werd behandeld? Was hun reactie 'Wie is dat?'.

Deze bevindingen zijn, voor mij, ernstiger dan het tekort aan kandidaten dat je hebt binnen welke bedrijfstak dan ook. Of om Yuval N. Harari te parafraseren:

Waarom zou je jongeren opleiden voor een vak als kunstmatige intelligentie dit vak binnen afzienbare tijd effectiever en efficiënter kan uitvoeren?

Sterker nog: is dat ethisch verantwoord?

Tot slot, dat geld nodig is, zoals het geld dat in de open brief wordt aangehaald. om een, wat ik noem, strategisch human resources en robotica beleid uit te kunnen voeren, mag duidelijk zijn. Maar daarin investeren is m.i. verstandiger dan, bijv., leraren opleiden die mogelijk nog maar tijdelijk nodig zijn; e.e.a. afhankelijk van de strategische keuzes die je maakt natuurlijk. Er zijn organisaties die hun diensten aanbieden m.b.v. nieuwe technologieën, er zijn er waarbij je altijd menselijk contact hebt. Het is aan te raden die keuze NU te maken, en dat niet alleen voor de jongeren die de arbeidsmarkt opgaan.

'Tweede Kamer worstelt nog altijd met aanpak lerarentekort' meldt Het FD. Er is door de politieke beleidsmakers veel besproken m.b.t.

het lerarentekort, maar niets v.w.b. nieuwe, disruptieve ontwikkelingen in het Onderwijs; helaas.

Te veel leidinggevenden zijn traag, inflexibel, hiërarchisch, reageren niet en zijn overdreven gericht op korte-termijnrendementen.

"Eindverantwoordelijken over de hele wereld hebben geen voeling met dat wat nodig is om hun organisatie te laten winnen en te leiden in de digitale economie. Digitalisering, nieuwe concurrentie, de behoefte aan razendsnel reageren resp. flexibiliteit en een steeds vaker divers en veeleisender personeelsbestand vereisen meer van leidinggevenden dan wat de meeste van hen kunnen bieden." Da's de pijnlijke conclusie die onderzoekers van MIT Sloan School of Management i.s.m. IT-er Cognizant trekken na een jaar lang onderzoek onder 4.400 eindverantwoordelijken van over de gehele wereld gevestigde bedrijven. Overigens, ook de classificering in de titel van deze entry haal je uit hun rapport.

De vraagstelling van het onderzoek was: 'In this VUCA world, great leaders are key to business success. But are our leaders fully aware of and prepared for what lies ahead?' Helaas. Overigens VUCA staat, vrij vertaald, voor: vluchtig, onzeker, complex en dubbelzinnig.

Waarom worstelen leidinggevenden momenteel met de uitdagingen die de digitale economie met zich meebrengt? Dat antwoord vinden we in de opmerking die Michael Schrage, research fellow MIT Initiative on the Digital Economy, maakt n.a.v. dit onderzoek: "I told [the CEO of a large German company] if he really wanted to establish a digital imprint on his organization and change the culture, he'd better be advised to comment on other people's blogs, posts, and wikis. You link. You participate in FAQs. You respond. Have digital conversations —show that you are living in the business, not just above it." Leidinggevenden, niet alleen eindverantwoordelijken, begeven zichzelf nauwelijks in de digitale wereld. Hoe kan je daarop dan een organisatiestrategie maken als je niet persoonlijk ervaart wat het is? Overigens, ook wat dat betreft was Steve Jobs zijn tijd ver vooruit, zie o.m. SteveMail.

De waarschuwing in het onderzoek is: “There is a perfect storm brewing with 3 major forces.” ofwel: er is een ‘perfecte storm’ op komst met 3 grote krachten:

- Digitaal: Transforming everyday lives and disrupting business models;
- Nieuwe Generaties: Taking over the workplace with new expectations;
- Marktveld 2.0: Forcing companies to stay agile and make faster decisions.

Het onderzoek laat zien dat leidinggevenden, bij het aangaan of weerstaan van deze ‘perfecte storm’, over 4 ‘blinde vlekken’ beschikken t.w.: v.w.b. organisatiestrategie, organisatiecultuur, mensmanagement en persoonlijke vaardigheden. “Blind spots are limiting their view.” Da’s goed mogelijk.

Deze ‘blinde vlekken’ komen voort uit het gebrek aan juiste vaardigheden en denkrichtingen, wat vervolgens leidt tot:

- Lack of the right mindset;
- Severe skills/capability gaps;
- Lack of digital savviness (82% of executives agree that having digitally savvy leaders is critical to business success);
- Lack of organizational attention (only 40% of respondents say their companies are building a robust pipeline of the leaders they need).

Vervolgens komen de onderzoekers tot de volgende formule: Skill Sets/Mindsets Deficiency + Blind Spots + Tensions = Cultural Inertia. (cultural inertia = culturele traagheid; ineens lijkt ook de problematiek binnen de Overheid verklaard: 'Ik ben Kwijt welke Problemen we nu aan het Oplossen zijn.....')

Los van te melden wat er niet goed gaat, komen de onderzoekers ook met een verbetervoorstel getiteld: "Putting together a New Leadership Playbook: A comprehensive framework building leaders and leadership in a dynamic digital economy.

1. The 3E's. Mission-critical leadership behaviors and skill sets: Eroding, Enduring, Emerging;
2. The four mindsets. Attitudes and beliefs about what great leadership looks like: Produces, Investors, Connectors, Explorers;
3. Building communities of leaders. Move beyond adopting a group of behaviors or achieving a set of competencies.

Eroding: deze gedragskenmerken wegwerken, Enduring: deze vaardigheden verstevigen, Emerging: deze vaardigheden ontwikkelen. Een mooie uitdaging; toch? Overigens, dan is er ook nog zoiets als commitment aan je verandering, zelfs als liefde voor je verandering. Of zoals Cognizant's Benjamin Pring stelt in de YT: "You've got to Love it. If you don't love it, you never will be able to optimize it." Idd.....

Inspiratie voor deze entry komt uit het rapport: Findings from From 2020 Future of Leadership Global Executive Study and Research Project.

GrIT of: is het ethisch verantwoord een miljoenenclaim te leggen op gemeenschapsgeld?

Schokkend kwam de Bugatti Chiron Super Sport 300 in beweging. Nog voordat de sportauto goed en wel het terrein van het Molsheim Experience Center, Home of Bugatti, had verlaten, miste de onervaren bestuurder enkele platanen naast de oprijlaan op een haar na. De Bugatti brand manager vroeg zich af of deze Super

Sport 300 wel de juiste keuze was voor de cliënt. Even later adviseerde hij dan ook om eens kijkje te gaan nemen bij Porsche resp. bij Lamborghini, beiden leveren (ook) prima sportauto's én behoren beiden ook tot VW Group; voor de brand manager ook niet onbelangrijk.

De Chiron SS 300 is hier de metafoor voor het Grensverleggende IT (GrIT) project, de cliënt is onze Overheid. De cliënt vroeg om een project met als doel een 'Efficiënte Overheid', meer specifiek: een efficiënt opererend Ministerie van Defensie. De begroting voor het ingrijpende project, getiteld 'Project Prometheus', bedraagt naar schatting € 1,3 miljard. Medio 2016 zijn IBM en ATOS onder de naam 'Athena' begonnen met de voorbereidende werkzaamheden zonder dat er al sprake was van een formele aanbesteding. Nu dreigt Athena de aanbesteding mis te lopen, men is niet de enige die daarvoor wordt uitgenodigd, en lopen daarmee, naar eigen zeggen, 'honderden miljoenen euro's mis!'. In handelsjargon leg je vervolgens een dito claim neer.

Terwijl de Ferrari 488 Pista Spider het Bugatti Experience Center verliet, vroeg de brand manager zich af 'Stel nu dat cliënt de platanen uit de grond had gereden, hadden we hem dan een rekening gestuurd?'.

Bugatti hult zich daarover in stilzwijgen, toch sijpelen berichten door dat, ondanks een intensieve rijderstraining, -begeleiding, enkele Veyron's en Chiron's de proefrit nauwelijks hebben overleefd. Om de goede naam te beschermen én omdat nagenoeg iedere gefortuneerde cliënt herhalingsaankopen doet, blijkt Bugatti de kosten van zo'n ongeluk 'voor lief te nemen'. Mits: men een Bugatti afneemt (NB: de brutowinst marge is daarvoor dan ook hoog genoeg), mag ook 'tweedehands' zijn.

Ondanks dat het 'Project Prometheus' IBM en ATOS c.q. 'Athena' nog steeds minimaal € 1,3 miljard (NB; 'minimaal': ongetwijfeld volgt er 'meerwerk') kan opleveren, is men toch van mening een miljoenen claim te moeten indienen juist omdat zij nu te maken kunnen krijgen met 'aanzienlijke opofferingskosten van gemiste orders en reputatieschade'. 'Reputatieschade', als ik als potentiële cliënt het idee krijg dat ik vervolgens van de leverancier mogelijk met een claim te maken kan krijgen, dan is het sowieso de vraag of ik zaken met je wil doen.....

De brief die het 'Athena' consortium op 29 oktober 2019 verzond aan het Ministerie van Defensie, is naar boven gehaald door o.m. de onderzoeksjournalisten van INVESTICO: 'Krijgsmacht kan nog jaren wachten op 'Wapensysteem van de Toekomst'. IBM dreigt Defensie Miljoenenclaim over mislopen van IT-Project'. Aanvullende info vind je ook in kritische rapportages van het Bureau ICT Toetsing zoals uit 2016 Samen met de markt realiseren van een nieuwe ICT-infrastructuur voor Defensie resp. uit 2019 Definitief BIT-advies project Grensverleggende IT (GrIT). Maar ook in de verschillende vormen van overleg die de Tweede Kamer aan deze problematiek tot nu besteedde.

Ook het FD meldt vanochtend Nog lang geen oplossing voor vastgelopen IT-project Defensie. In dat artikel lezen we 'Experts verwachten dat de automatiseerders een grote kans maken met een claim.' Daaraan twijfel ik niet. Waarmee ik echter moeite heb d.i. dat het hier een claim betreft die een aanspraak doet op gemeenschapsgeld, geld dat ook kan worden besteed aan o.m. zorg, onderwijs, ontwikkeling, e.d. Is dit voor 'Athena' niet een normaal ondernemersrisico? Wat ik begrijp is dat de tijd die men toe nu in 'Prometheus' stopte met een krediet van € 12 miljoen is voldaan. Dat je vervolgens een aanbesteding, let wel misschien, misloopt: had je dat vooraf niet kunnen incalculeren? Ik denk het.

Onze Overheid heeft zeker geen gelukkige hand zodra het IT projecten betreft, ook niet in het beheren van ons gemeenschapsgeld. Fouten lijk je vooraf al te kunnen voorspellen. Dat maakt o.m. de nasleep van de Commissie Elias duidelijk.

Overigens, een onderzoek (2014) waarbij één van de ondervraagde IT toeleveranciers opmerkte: ‘We doen graag zaken met de Overheid.’. Ik begrijp het.

De Overheid is als die ‘potentiële bestuurder van de Bugatti’: veel te onervaren voor een veel te groot project. Is het als toeleverancier niet verstandiger de cliënt in bescherming te nemen: ‘Is dit niet te ambitieus voor u?’. Deze waarschuwing vooraf heb ik 2 decennia terug geleerd van de Britten, toen en nu een waardevol advies.

Faillissementen Slotervaartziekenhuis en IJsselmeerziekenhuizen levert relevante casuïstiek op

“Partijen lopen vast in een papieren werkelijkheid van steeds weer een plan, een nadere onderbouwing van de cijfers, die vervolgens weer nieuwe vragen oproepen waarna een nieuw verzoek om meer cijfers en nadere toelichting volgt.” Onderling wantrouwen zowel binnen de gefailleerde ziekenhuizen, en dan m.n. binnen het MC Slotervaart, als onderling wantrouwen met verschillende externe partijen. w.o. de verzekeraar, blijkt een rode draad te zijn die door de faillissementen van beide ziekenhuizen loopt. Dat lezen we in het zojuist verschenen rapport, met de veelzeggende titel, ‘De Aangekondigde Ondergang’ van de Commissie van Manen. Voorafgaand aan de faillissementen blijken zowel in- als extern verantwoordelijken ieder zicht op de realiteit, t.w. de patiënt, te zijn verloren; helaas.

Het MC Slotervaart in Amsterdam en de MC IJsselmeerziekenhuizen, met vestigingen in Lelystad, Dronten, Emmeloord en Urk, gingen op 25 oktober 2018 failliet. Vervolgens hebben er meerdere onderzoeken plaatsgevonden recent door de genoemde Commissie van Manen, eerder door de Onderzoeksraad voor Veiligheid resp. door de Inspectie Gezondheidszorg en Jeugd met als conclusie dat een ‘ongecontroleerd faillissement zoals dat van het Slotervaartziekenhuis nooit meer mag voorkomen in de

Zorg'. Da's dus (zeer) de vraag: of je een faillissement van een ziekenhuis kan voorkomen. Zo kunnen we nu nog niet inschatten of ziekenhuizen de aanpak van de huidige Coronavirus COVID19 uitbraak op een organisatorisch passende wijze kunnen uitvoeren. Vandaar de interessante casuïstiek in 'De Aangekondigde Ondergang'.

"Naar de buitenwereld blijven de ziekenhuisbesturen, aandeelhouder en zorgverzekeraar intussen uitstralen dat het zo'n vaart niet zal lopen. Enerzijds speelt hier de angst voor een self fulfilling prophecy een rol. Anderzijds geldt voor de aandeelhouders en bestuurders dat zij in een patroon zitten waarin zij volharden in hun visie, en waarbij zij signalen niet lijken op te pikken dat het draagvlak voor deze visie steeds verder wegvalt." lezen we in het rapport.

Theoretisch kunnen we hier zowel 'De Zwarte Zwaan, de impact van hoogst onwaarschijnlijke' van Nassim N. Taleb tegen aanhouden, als The Abilene Paradox van Jerry B. Harvey en, om er voor nu nog één aan toe te voegen, 'De Ongeschreven Regels van het Spel' van Peter Scott Morgan. Hadden degenen die betrokken waren bij deze faillissementen op z'n minst hun klassiekers maar gekend.

Dat geldt dan niet alleen voor de intern verantwoordelijken, ook voor de extern verantwoordelijken: "De partijen die de hierboven beschreven neerwaartse spiraal van buitenaf zouden kunnen doorbreken, te weten de IGJ, de Nederlandse Zorgautoriteit (NZa) en het ministerie van VWS, hebben pas veel te laat in de gaten dat het echt mis gaat." Opmerkelijke conclusie omdat bijna al deze partijen zelf het nodige 'voor de kiezen hebben gekregen' als het om management falen gaat, wat te denken bijv. van de NZa. Je had, niet alleen als patiënt, mogen verwachten dat zij 'iets' hadden geleerd uit deze persoonlijke ervaringen. Helaas. Continue verbeteren lijkt hier nog niet van toepassing.

De Commissie van Manen: " Betrokkenen kijken hier naar elkaar, en leggen de verantwoordelijkheid wel bij de ander maar niet bij zichzelf, en nog minder bij hun falend gezamenlijk optreden. Zij hebben daar ook geen belang bij. De patiënt is uiteindelijk de dupe. (....) Om te voorkomen dat met een ander feitencomplex maar met vergelijkbare patronen in de toekomst nog eens een ziekenhuisfaillissement op deze voor patiënten onacceptabele wijze verloopt, achten wij het noodzakelijk dat partijen lering trekken uit de in dit rapport beschreven patronen." Dat hoop ik dat verantwoordelijken, ook buiten de Zorg sector, hieruit lering trekken maar mijn hoop is niet gebaseerd op een stevig fundament. Wat dat betreft vallen de onderzoeksrapporten waarin management falen wordt aangetoond, in rap tempo over elkaar heen.

Tot de aanbevelingen in het rapport behoren:

De Raad van Bestuur van een ziekenhuis dat in problemen raakt, is als eerste aan zet om partijen om tafel te roepen teneinde tot een oplossing te komen;

Een Raad van Toezicht dan wel Raad van Commissarissen heeft de taak zich ervan te vergewissen dat het bestuur adequaat handelt en zal handelen, en dient, wanneer daar twijfel over is, te overwegen om in te grijpen in het belang van de patiënt.

Voor de interne toezichthouder zien wij dan ook een belangrijke rol weggelegd waar het gaat om het bij de Raad van Bestuur adresseren van de problematiek en indien nodig ook stappen te ondernemen. (NB; voor deze aanbeveling is de Lehman Bros casus interessant, want als intern toezichthouder krijg je die verantwoordelijkheid c.q. sanctiemacht niet zomaar);

Aan ziekenhuizen, zorgverzekeraars, IGJ, NZa, en omliggende ziekenhuizen: verken de mogelijkheden om de problemen samen met het ziekenhuis aan te pakken teneinde de gezamenlijke verantwoordelijkheid voor de continuïteit, kwaliteit en veiligheid van zorg voor de individuele patiënt te waarborgen.

Aan zorgverzekeraars wordt geadviseerd langjarige contracten met ziekenhuisen af te sluiten.

Tot slot merkt de Commissie van Manen op: "Waar het om gaat is dat alle partijen doordrongen raken van de urgentie ervan, en dat zij vervolgens gezamenlijk in actie komen en daarbij het beschermen van de patiënt centraal stellen. Dit vergt een omslag in het denken van alle partijen in de zorgsector, waarbij verdeelde belangen moeten plaatsmaken voor gedeelde verantwoordelijkheid. Zodat de patiënt nooit meer de dupe kan worden van het collectief falen."

'Dit vergt een omslag in het denken', da's voor mij toch iets te mager als we hiermee faillissementen proberen te voorkomen. Het zit 'm voor mij eerder in het handelen: de één is in staat een zeilboot over rustig water een topsnelheid te laten behalen, de ander is in staat een zeilboot over ruwe zee in 1x de haven te laten binnenlopen. Beide opties zit zelden in één persoon. Vooruit dan, v.w.b. 'rustig water' resp. 'ruwe zee' nog een model: Greiner. Ofwel: leiding kunnen geven in VUCA tijden is niet iedereen gegeven.

COVID-19 leidt tot ingrijpende Organisatorische en Maatschappelijke verandering.

'De lessen die nu al zijn getrokken uit de invoering van op afstand werken c.q. telewerken o.i.v. COVID-19 helpen de transformatie van de manier van werken in het bedrijf te versnellen ten gunste van meer flexibiliteit en efficiency voor werknemers.' Bron: Groupe PSA presents its new principles of working methods. Groupe.PSA.com

'Zelfs als de coronacrisis voorbij is, mogen bedrijven hun werknemers ook thuis laten. Dat besluit zou gevolgen hebben voor een heel ecosysteem: van transport (files resp. ov) tot restaurants tot winkels. Om nog maar te zwijgen over de belastinggrondslag.'

Bron: Manhattan Faces a Reckoning if Working From Home Becomes the Norm. WSJ.com

'Teamleden geven via virtuele, elektronische media minder informatie, interpreteren en begrijpen informatie die ze ontvangen niet altijd, feedback geven/ontvangen blijft achterwege, non-verbale signalen worden niet herkend.' Bron: Developing effective virtual teams. CIPD.co.uk

Dit zijn berichten die deze week verschijnen n.a.v. de (mogelijke) organisatorische en maatschappelijke gevolgen van de coronapandemie.

Ferrari heeft zijn 4.300 medewerkers altijd als de meest waardevolle hulpbron beschouwd, zelfs meer dan zijn erfgoed of merk. Dat standpunt is een belangrijk uitgangspunt voor Ferrari's gedetailleerde 'Back on Track' programma nav de coronacrisis; zie YT. Ook Ferrari wil de productie weer zo snel mogelijk opstarten. De veiligheid van de medewerkers op locatie staat daarbij centraal. Ferrari is een exclusief merk dat vraagt om veel, nu nog noodzakelijk, mensen- c.q. handwerk.

Voor Groupe PSA, met de merken Peugeot, Citroen, Opel, Vauxhall, gelden andere regels, ook financieel. De coronacrisis wordt door hen aangegrepen tot ingrijpende organisatorische verandering (NB: het zal niet voor het eerst zijn dat een crisis als een oorlog, een natuurramp, een pandemie e.d. de aanzet is voor ingrijpende veranderingen; ook niet voor het laatst trouwens). In de nabije toekomst verwacht PSA van 80.000 medewerkers dat ze maar één dag per week op kantoor komen, hooguit anderhalve dag. Wie langer op kantoor wil werken, moet dat heel goed beargumenteren. Dit geldt vooralsnog niet voor 120.000 PSA productiemedewerkers. 'Vooralsnog' omdat je ook uit het persbericht "New Era for Agility" kan halen dat de implementatie van disruptieve technologieën op de productievloer zal worden versneld.

Versnelde toepassing van robotica, machine leren, kunstmatige intelligentie en dat niet alleen voor autoproductiebedrijven. Zo constateert BBC News: "Mensen gaan voortaan het liefst naar horeca met minder werknemers en meer robots omdat ze denken dat die het besmettingsrisico kunnen verlagen." En als er een vaccin is, wat dan? "Zodra een bedrijf heeft geïnvesteerd in het vervangen van een werknemer door een robot, is het onwaarschijnlijk dat het bedrijf ooit nog voor die rol mensen inzet." Idd.

Ook interessant is het bericht dat gisteren verscheen in The Wall Street Journal: Manhattan Faces a Reckoning if Working From Home Becomes the Norm. Nu de coronapandemie z'n greep iets verlicht, overwegen bedrijven niet alleen hoe ze werknemers veilig terug kunnen brengen, maar ook of zij allemaal überhaupt terug moeten komen naar kantoor. De besparingen op o.m. huur resp. onderhoud van kantoren op dure locaties zijn giga als je werken op afstand toepast voor je organisatie. Maar: de maatschappelijke gevolgen voor andere partijen als verhuurders, cateraars, schoonmakers, vervoerders, financiers etc zullen ook giga zijn; (zeker) niet alleen in Manhattan, ook in NL.

Toch is telewerken c.q. tele-communiceren nog geen ideale oplossing. Communiceren via elektronische media vormt een essentiële uitdaging: hoe meer het wordt gebruikt, hoe minder effectief virtuele teams zijn. Constateert het Britse CIPD. Noodzakelijk, voor meer effectiviteit, is: aandacht voor teamcohesie en onderling vertrouwen, zorgen voor een optimale informatie-uitwisseling, teams leren virtueel samen te werken, de hiervoor en hierbij meest geschikte teamleiders inzetten.

(lang) Niet alle bedrijven, maar ook de overheid niet, zijn in staat hun organisatie, laat staan de maatschappij, op korte termijn te transformeren richting 'iets' als disruptie, Tot die tijd is het wellicht interessant dat leiders in andere sectoren de aanpak van Ferrari overnemen en deze aanpassen aan hun eigen situatie. In de kern zijn de 'Back on Track' stappen:

- Zet een werkgroep op met externe experts;
- Creëer en communiceer gedragsregels;
- Verzeker de veiligheid van werknemers en hun families;
- Sociale afstand vormt de basis;
- Betrek alle 'stakeholders', niet alleen de medewerkers;
- Neem de leiding door je ervaringen te delen.

Wat je strategische keuze ook is: 'veel leiders vertellen hoeveel ze om hun mensen geven, maar er is geen beter moment dan een crisis waarin leiders kunnen laten zien dat ze echt menen wat ze zeggen' (Ferrari). Mocht je je medewerkers als werkgever organisatorisch vervangen, dan draag je vanuit je maatschappelijk rol nog steeds een verantwoordelijkheid voor het welzijn van mensen (NB; door met de, extra, winst die je genereert ook extra belasting te betalen bijv.).

"Begin maart was de gemiddelde werkweek nog bijna 33 uur, eind april nog maar 28,5 uur. Een afname van 13 procent. Het CPB noemt dat een "historische daling". De werkgelegenheid van ruim 20% van de 9,5 miljoen werkenden in Nederland wordt op dit moment financieel ondersteund door de overheid." Feitelijk tekenen van verborgen werkloosheid.

Bron: Arbeidsmarkt: sterke daling gewerkte uren.

Aanzienlijk deel van de Medewerkers is van mening dat er Tijd en Geld wordt verspild ....

'Medewerkers oordelen overwegend positief over de legitimiteit en de effectiviteit van het handelen van hun team. Over de efficiency is men duidelijk minder te spreken: een aanzienlijk deel van de medewerkers is van mening dat er tijd en geld verspild wordt. (....) Men betwijfelt of het voor medewerkers duidelijk is waar de organisatie naar toe wil. De missie en de doelen van de organisatie zijn klaarblijkelijk lang niet altijd duidelijk.'

Het door het ministerie van Binnenlandse Zaken en Koninkrijksrelaties gepubliceerde 'WERKonderzoek 2019' levert interessante resultaten op. 'Om inzicht te krijgen in de werkbeleving van medewerkers in de publieke sector voert het ministerie van Binnenlandse Zaken en Koninkrijksrelaties (BZK) periodiek een groot personeelsonderzoek uit.' Voor dit onderzoek zijn 95.000 medewerkers in de publieke sector benaderd, de respons bedroeg 41,7%.

Onderwerpen die aan bod komen in het 85 pagina's tellende onderzoek, uitgevoerd door het CBS: de arbeidsmarktpositie van de overheid, de aantrekkelijkheid van het werk bij de overheid, de organisatiecultuur en -prestaties, de betrokkenheid en bevlogenheid van medewerkers, de kwaliteit en inzetbaarheid van medewerkers, de sociale veiligheid en integriteit.

Wat gaat er, in de kern, volgens de medewerkers goed:

- de publieke sector weet voldoende jong talent aan te trekken;
- medewerkers zijn tevreden over baan en team waar binnen men functioneert;

Zaken die volgens hen 'dringend aangepast dienen te worden':

- de organisatiecultuur is soms een belemmering om optimaal te presteren;
- te weinig ruimte voor de professional;
- geringe openheid;
- gebrekkige samenwerking;
- onvoldoende leervermogen;
- onduidelijkheid over de missie van de organisatie;

Reactie van de onderzoekers van het CBS: 'Deze factoren hebben een negatieve invloed op betrokkenheid waardoor medewerkers minder presteren'. Bepalend is de conclusie: 'Er is sprake van een cultuur van het gedogen van ondermaats presteren, terwijl bovenmaats presteren vooral 'beloond' wordt met extra werk.' Medewerkers vragen zich af of de publieke sector voldoende doet aan het betrekken en het behouden van de medewerkers. Bron: Werkcongres 2020.

Voor deze entry ga ik m.n. in op 'de zaken die dringend aangepast dienen te worden', gerelateerd aan de organisatiecultuur. V.w.b. 'onvoldoende leervermogen', daaraan besteed ik aandacht in een andere entry: 'Ongekend Talent! Idd: Ongekend....'. Voor de conclusie dat 'minder betrokkenheid leidt tot minder presteren' is mogelijk 'iets' te zeggen, toch is o.m. prof Rob Briner van mening dat er daarvoor nog onvoldoende wetenschappelijke bewijslast is. Zie 'What is employee engagement and does it matter? An evidence-based approach'.

Van belang, althans voor mij, zijn de conclusies: 1. 'Medewerkers oordelen overwegend positief over de legitimiteit en de effectiviteit van het handelen van hun team. Over de efficiency is men duidelijk minder te spreken: een aanzienlijk deel van de medewerkers is van mening dat er tijd en geld verspild wordt.' en 2. 'Men betwijfelt of het voor medewerkers duidelijk is waar de organisatie naar toe wil. De missie en de doelen van de organisatie zijn klaarblijkelijk lang niet altijd duidelijk.'

1. 'In de beleving van medewerkers is er sprake van verspilling van tijd en geld, en dat gaat samen met een cultuur waarin ondermaats presteren wordt gedoogd en continu verbeteren lang niet altijd wordt gestimuleerd.' Interessante combinatie, dat vraagt om een toelichting.

Deze conclusie komt voort uit 'De vraagstelling (in de enquête) over de prestaties van het team, vragen die inzicht geven in een drietal prestatie indicatoren: legitimiteit, effectiviteit en efficiency. Legitimiteit verwijst daarbij naar een eerlijke en rechtmatige handelwijze. Effectiviteit gaat over de mate waarin de doelen worden gerealiseerd (ook wel doeltreffendheid genoemd). En efficiency verwijst naar het werkproces: worden de doelen op een efficiënte wijze gerealiseerd, met zo min mogelijk verspilling van tijd en geld?' Als je ondermaats presteert dan is dat idd inefficiënt en kan dat leiden tot een verspilling van tijd en (gemeenschaps)geld. Mee eens.

Conclusie uit het WERKonderzoek: 'Medewerkers oordelen overwegend positief over de legitimiteit. (....) Ook over de effectiviteit is men te spreken. Dat wil zeggen: een groot deel van de medewerkers vindt dat werkzaamheden succesvol worden afgerond en doelen behaald. Over de efficiency is men duidelijk minder te spreken. Een aanzienlijk deel van de medewerkers is van mening dat in hun team tijd en geld verspild wordt. (....) Deze bevindingen maken wel duidelijk dat er op veel plekken in de ambtelijke dienst ruimte is voor verbetering van de 'public performance'.'

Hierbij wordt onderzoek door Robert Dur en Max Van Lent aangehaald: 'Waar bij de overheid ondermaats presteren vooral wordt gedoogd, volgt in de marktsector veel vaker ontslag. Voor bovenmaats presterende werknemers ligt bij de overheid soms een beloning of promotie in het verschiet, maar veel vaker worden deze werknemers op dezelfde manier behandeld als gemiddeld presterende werknemers.' Bron: Beloning en motivatie van werknemers bij de overheid en in de marktsector.

2. 'De missie en de doelen van de organisatie zijn klaarblijkelijk lang niet altijd helder. Dat is niet goed, omdat duidelijkheid over doelen en missie medewerkers houvast geeft in hun werk.'

De onderzoekers citeren vervolgens Krispijn Faddegon, Alex Straathof en Marije de Goede: 'Bij de missie gaat het erom dat medewerkers een duidelijk beeld hebben waar de organisatie naar toe wil en hoe daar te komen. Deze duidelijke richting geeft hen het gevoel dat hun werk betekenisvol is.' Bron: Overheidscultuur: de sleutel voor een tevreden en toegewijde medewerker.

Er is vaak verwarring over Visie en Missie. Tijdens mijn lessen hanteer ik de volgende definities. Visie is een duidelijke stip aan de horizon: 'Waar staan wij in (bijv.) 2025?'. (NB: het maakt ook nog wat uit of dat op 010125 is of op 311225). Missie: 'A good Mission statement is under eight words. It also must follow this format: "Verb, target, outcome." Some examples: "Save endangered species from extinction" and "Improve African children's health."'. Bron: The Eight-Word Mission Statement. Een meer recent voorbeeld: SPACEX 'Making Life Multiplanetary'. Aan zo'n relatief eenvoudige Missie lijkt het de publieke sector te ontbreken.

Organisatiedoelen zijn vervolgens afgeleid van Visie en Missie en dragen bij aan (zie hiervoor) effectiviteit: de mate waarin de doelen worden gerealiseerd. Uit het WERKonderzoek: 'Men geeft regelmatig aan dat het doel van de organisatie het gevoel geeft dat het werk belangrijk is, maar tegelijkertijd blijkt dat men betwijfelt of het voor medewerkers duidelijk is waar de organisatie naar toe wil.' Faddegon, De Goede en Straathof merken op: 'De cultuur is meer gericht op het voorkomen van brokken, dan op het verwezenlijken van mooie dingen voor het land.' Jammer van voorgaand mooie filmpje....

Tot slot 'Reorganisatiemoeheid', ook niet onbelangrijk wat er daarover wordt geconcludeerd. 'Om de publieke prestaties te verbeteren wordt in het openbaar bestuur overgegaan tot organisatieveranderingen zoals reorganisaties, inkrimping en uitbesteding van een deel van het werk. Uit het WERKonderzoek blijkt dat medewerkers in het openbaar bestuur relatief vaak met organisatieveranderingen te maken hebben gehad. Ruim 40 procent van de medewerkers geeft aan dat er in hun organisatie één of meer organisatieveranderingen plaatsvonden in het afgelopen jaar. (....)

Organisatieveranderingen zijn vaak bedoeld om de organisatieprestaties te verbeteren en werkprocessen te optimaliseren, maar uit het WERKonderzoek blijkt dat medewerkers hier kritisch tegenover staan. Organisatieveranderingen in het openbaar bestuur worden in de regel negatief beoordeeld. Slechts 14 procent van de medewerkers geeft aan dat door de organisatieveranderingen de prestaties van de organisatie zijn verbeterd. Circa 52 procent is het daarmee (helemaal) oneens.'

Dat een medewerker begin 2019 opmerkte 'Ik ben Kwijt welke Problemen we nu aan het Oplossen zijn.....' wordt door dit interessante WERKonderzoek 2019 (helaas) bevestigd. Dat je n.a.v. dit rapport overgaat tot een reorganisatie, lijkt mij nu niet het meest verstandige besluit. Wellicht kun je (per onderdeel van de publieke sector) allereerst de dialoog met je medewerkers aangaan en zo een (aansprekende) Visie en Missie formuleren, vervolgens je gezamenlijk daaraan committeren en dan je actieplan bepalen.

Wij zijn een intern project gestart naar de werkdruk. Maar het project loopt niet helemaal goed vanwege de werkdruk.

"Wij zijn een intern project gestart naar de werkdruk. Die wordt komende donderdag afgerond. Maar het project loopt niet helemaal goed vanwege de werkdruk." "Het centraal stellen van het klantbelang is ver te zoeken. De werkdruk ligt extreem hoog, en werknemers worden onder druk gezet om zoveel mogelijk werk in zo weinig mogelijk tijd te doen. Dit draagt bij aan het niet, onjuist, onvolledig of onzorgvuldig afhandelen van verzoeken van onze klanten." "Het management zegt dat target een vies woord is. Maar ze hebben het er wel steeds over en ik moet wekelijks een lijstje invullen. Dan krijg je een mail met daarin de voortgang van alle collega's. Ze zeggen dat het niet meer bij de cultuur past, maar creëren wel druk. Waarom registreren we het dan, en communiceren we het wekelijks?"

De Autoriteit Financiële Markten (AFM) deed, i.s.m. Universiteit Utrecht, onderzoek onder ruim 5.000 medewerkers binnen de financiële sector en keek in het onderzoek naar het verband tussen aansturing, organisatiecultuur en het gedrag van medewerkers. N.a.v. dit onderzoek publiceert de AFM nu het rapport 'Bewust Belonen en Waarderen, een oproep aan de financiële sector.' 'Werkdruk' is één van de thema's die in het rapport worden aangehaald. "Recente literatuur laat zien dat een hoge targetdruk ook een voorloper kan zijn van schadelijk gedrag. Als medewerkers hun targets ervaren als onrealistisch, en er toch druk op wordt uitgeoefend, worden sneller 'bochten afgesneden'. Men wil immers niet te boek staan als iemand die niet goed functioneert."

Organisatiecultuur is een thema dat hier met regelmaat terugkomt, volg de 'tag cultuurverandering'. Organisatiecultuur bestaat dan ook uit 'de ongeschreven regels van het spel', de 'smeerolie' waarop en waarmee een organisatie draait en functioneert. Organisatiecultuur en onderzoeken daar naar zijn een, zeker voor mij, dankbaar onderwerp.

"Beloningsprikkels, een cultuur gericht op kortetermijnwinstrealisatie en overmatige omzetbonussen worden wereldwijd – door toezichthouders, centrale banken, beleidsmakers en wetenschappers – als één van de onderliggende oorzaken gezien van de financieel-economische crisis. Ook in de huidige corona crisis blijkt hoe gevoelig het onderwerp belonen ligt, binnen en buiten de financiële sector." Aanleiding voor de onderzoekers om belonen en waarderen binnen de financiële sector, 10 jaar na de financiële crisis, te onderzoeken.

"In dit rapport verwijst het woord 'belonen' naar de geldelijke aspecten en 'waarderen' naar de niet-geldelijke aspecten. Uit de gedragswetenschappelijke literatuur blijkt dat gedrag dat binnen ondernemingen beloond of gewaardeerd wordt, meer zal worden vertoond door medewerkers. Wanneer het behalen van commerciële targets beloond wordt (met een bonus of promotie naar een hogere schaal) of gewaardeerd wordt door het (top)management van een onderneming (bijvoorbeeld met complimenten, status, ontwikkelmogelijkheden of erkenning), dan richten medewerkers zich daar sterker op."

En: "Wat vanuit het bestuur wordt gewaardeerd vertaalt zich door in de organisatie en is daarmee van invloed op het gedrag dat op de werkvloer wordt vertoond." Deze 'waardering' kan conflicteren met het klantbelang, zoals blijkt uit de stelling: "Het bestuur (de directie) geeft het goede voorbeeld als het gaat om het centraal stellen van het klantbelang." (slechts) 53% van de ondervraagden is het daarmee eens. Wat bestuur/directie bewust én onbewust ('ongeschreven regels') belangrijk vindt, vertaalt zich direct door binnen de organisatie. Overigens 24% merkt op: 'De beloning die het bestuur (de directie) ontvangt lijkt mij passend'.

Zo kan bestuur/directie 'te ver af staan' van de dagelijkse realiteit: "Draijer (NB; Wiebe Draijer, bestuursvoorzitter Rabobank; WS) krijgt vooral een pijnlijke spiegel voorgehouden als Canoy schrijft over bijeenkomsten van de raad van bestuur. Het taalgebruik staat wel erg ver af van de bankierspraktijk van alledag. Het gaat over 'onboarden', over 'squads', 'pinpointen', 'social labs' en over collega's die via een 'deep dive door de 'WHY' worden getrokken. Het maakt de verbinding tussen de top en de klanten, medewerkers en de lokale banken er niet eenvoudiger op. Het zou wel een onsje minder mogen met dat jargon." Bron: 'Het gaat mis als geld van de klant voor de bank slechts een getal is'; FD.nl.

In het AFM rapport wordt een interessant schema/onderzoekmodel gepubliceerd waarmee de relaties tussen sturingselementen, cultuur, bevlogenheid en schadelijk gedrag worden aangetoond. "Leesvoorbeeld: Als de leidinggevende stuurt op het klantbelang en medewerkers rechtvaardig beoordeelt, stimuleert dat een samenwerkingsgerichte cultuur, wat relateert aan meer bevlogenheid en minder schadelijk gedrag. Een hoge targetdruk stimuleert juist een egoïstische cultuur, en daarmee schadelijk gedrag. Ondernemingen doen er dus goed aan om hoog te scoren op elementen waar een verantwoorde werking vanuit gaat (groene pijlen) en laag op elementen waar een risicovolle werking vanuit gaat (rode pijlen)."

De AFM adviseert (top)managers zich ervan bewust te zijn wat hun wijze van aansturing doet met het gedrag en de motivatie van medewerkers. Dat verantwoorde maar ook perverse prikkels basis kunnen zijn in zowel het belonen als het waarderen. Zelfsturing is binnen de sector populair. Medewerkers organiseren zoveel mogelijk zelf het werk en dragen zelf de verantwoordelijkheid. Ook dan heeft het (top)management een belangrijke rol die niet onderschat mag worden. Hun aansturing en hun voorbeeldgedrag heeft een belangrijke invloed.

De AFM signaleert drie elementen die belangrijk zijn om bevlogenheid bij medewerkers te stimuleren én schadelijk gedrag te verminderen.

- Ten eerste dat leidinggevenden sturen op het klantbelang en hun medewerkers op een rechtvaardige manier beoordelen.
- Ten tweede dat de top van de onderneming zich hard maakt voor het klantbelang. Door een voorbeeldrol te vervullen voor medewerkers in hoe het klantbelang zo goed mogelijk gediend wordt en door zelf een gepaste beloning te ontvangen.

- Ten derde door de druk op targets en commercie te beperken die medewerkers ervaren.

Het zijn elementen waarvan niet alleen de financiële sector kan profiteren.

Inspiratie voor deze entry komt uit het rapport 'Bewust Belonen en Waarderen, een oproep aan de financiële sector'; AFM.nl.

Overigens v.w.b. organisatiecultuur, en de door de AFM aangehaalde thema's, is de recente 2Doc 'Missie NS' ook interessant.

'Enerzijds het formele hoofdkantoor waar met hart en ziel wordt gewerkt aan een klantvriendelijker imago en waar voor iedere vergadering een film of een vlog wordt gemaakt om het personeel mee op te peppen. Anderzijds de werkvloer, waar vaak een heel andere realiteit heerst dan het verhaal dat degenen die daar werken uit moeten dragen. Een dagelijkse, veel rauwere realiteit, waar haast, anonimiteit, onverschilligheid en ontevredenheid heerst.'

Twee weken later deelt NS mee 'Forse bezuinigingen: 2300 arbeidsplaatsen op de tocht'.....

'Piloten blijven nodig, ongeacht de uitkomst van het cao-conflict.' Da's nog maar de vraag.

Autonoom vliegen heeft het potentieel om meer brandstof te besparen, de bedrijfskosten van luchtvaartmaatschappijen te verlagen en piloten te ondersteunen bij hun strategische besluitvorming en missiebeheer. Bij AIRBUS bouwen we certificeerbare, veilige en beveiligde autonomiesystemen en -programma's om de volgende generatie commerciële vliegtuigtoepassingen mogelijk te maken.' 'Al 100 jaar leidt BOEING bemande en onbemande technologische innovatie en integratie van zee naar lucht naar de ruimte. Autonomie bepaalt de komende 100 jaar – en Boeing stimuleert de veilige innovatie en integratie van autonomie om het menselijk potentieel te maximaliseren.'

Gisteren besprak ik met mijn studenten de polemiek rondom de steun aan KLM en de, op het oog, onverzettelijke houding van de piloten daarin. Mijn studenten weten dat ik mezelf ook bezig houd met de interactie mens-robot. Ik haalde een citaat aan uit het artikel 'Piloot moet zich wapenen tegen imago van bankier in de lucht' van Job Woudt in het FD. De verslaggever stelt daarin 'De luchtvaart verdwijnt niet, piloten blijven nodig, ongeacht de uitkomst van het cao-conflict.' Bij het 1e kan ik mezelf iets voorstellen, hoewel 'luchtvaart' ook na Covid-19 niet meer hetzelfde zal zijn, verwacht ik. Wat betreft het 2e 'piloten blijven nodig' heb ik een heel andere mening, gebaseerd op diverse disruptieve ontwikkelingen; zie citaten hiervoor.

'Menselijke piloten worden binnen de steunperiode van de overheid overbodig', was mijn stelling (NB; als ik mijn studenten aan het denken kan zetten, heb ik mijn doel al bereikt). Eén van hen merkte op: 'Maar deze piloten beschikken vaak over een forse studieschuld.' 'Da's dan zowel een tekortkoming van hun werkgever als van hun opleiders.', was mijn reactie. Interessant wordt idd of het gemeenschapsgeld dat nu naar KLM gaat uiteindelijk ook wordt gebruikt om de studieschuld van de piloten af te kopen; maar dat terzijde.

V.w.b. mijn opmerking over 'de opleiders': je mag verwachten dat scholen/universiteiten/opleiders hun studenten waarschuwen voor ontwikkelingen in hun vakgebied en de (mogelijke) invloed daarvan op hun toekomstige positie/functie. Dat dit (lang) niet altijd het geval is, wordt me met enige regelmaat pijnlijk duidelijk. Zo sprak ik met de vriendin van één van onze peetzoons, recent afgestudeerd als tandarts. Op mijn vraag of robotica in de behandelkamer tot de lesstof behoorde, sprak ze wel over nieuwe technieken maar nog niet over 'Robotics in Dentistry'. Wat voor de tandarts geldt, geldt ook voor de arts. Zo stelt Yuval N. Harari de vraag Waarom nog Artsen opleiden als Kunstmatige Intelligentie betere diagnoses stelt?

Jammer maar let wel: net zoals er op het wegennet, tussen al het autonome vervoer door, altijd ruimte zal zijn voor een door een mens bestuurde Hummer, die bij dat ene in ons land nog resterende benzinestation tankt á € 50/liter, zal er altijd een mens als tandarts resp. arts beschikbaar zijn maar waarschijnlijk alleen voor de particuliere klant.

Met de staatssteun die KLM nu ontvangt, totaal € 3,4 miljard, is de directie genoodzaakt de organisatie te transformeren naar meer efficiency en effectiviteit. Net als bij de financiële dienstverleners: we willen niet nog een keer bijspringen. Die transformatie zal ook nodig zijn om wereldwijde concurrentie te kunnen aangaan, na de coronapandemie. Een ruime meerderheid van de bedrijven/organisaties wil organisatieveranderingen nu versneld doorvoeren. Sterker nog: veel bestuurders constateren dat zij veranderingen in hun organisatie nu sneller kunnen doorvoeren dan voor de coronacrisis.

Voordat we nu, uiteraard als alle signalen 'op groen staan', in een autonoom vliegtuig stappen, dient er nog één horde te worden genomen: de angst van de mens om te vertrouwen op nieuwe technologie (NB; 'iets' van alle tijden, zo werd de eerste trein ook niet vertrouwd). 'Een vliegtuig, zonder piloot.... gaat dat wel goed?' (NB; ooit gehoord van de 'automatische piloot'?). Zo zou de F-35/JSF m.b.v. kunstmatige intelligentie ook autonoom kunnen vliegen, en gevechten kunnen uitvoeren. Maar dat mensen worden gedood door een robot, dat kan er bij de mens nog niet 'in'. Dus: een piloot in de F-35 zoals ook AIRBUS voorstelt om voorlopig nog een piloot in de, let wel voor de passagiers afgesloten, cabine te plaatsen.

De volgende uitdaging voor onze overheid wordt dan ook de burgers hun angst voor disruptie i.c. robot te laten overwinnen, waarschijnlijk behalen we daarmee als gemeenschap aanzienlijke besparingen.

Intussen bij de Toeslagenaffaire: 'Ik heb een goed geheugen, maar zo goed ook weer niet.'

'Hoe heeft iemand hier ooit toestemming voor kunnen geven?', 'Buikpijn kreeg ik er van.', 'Ik heb een goed geheugen, maar zo goed ook weer niet.' Een ambtenaar die kritische vragen stelt, wordt weggepromoveerd. Eindverantwoordelijken die constipatieproblemen krijgen en zich 'plots' weinig meer kunnen herinneren.

De Parlementaire ondervragingscommissie Kinderopvangtoeslag is nog maar net van start gegaan of je merkt al dat het hier tot interessante en leerzame uitspraken komt, 'leerzaam' v.w.b. o.m. het thema programmamanagement. Op zich zijn de 1e bevindingen niet vernieuwend, ook niet verrassend want het ontwijkend gedrag dat m.n. leidinggevenden hier vertonen is al in tal van wetenschappelijk onderzoek vastgelegd zoals o.m. in Manfred Kets de Vries working paper 'The Psychpopath in the C-Suite'.

De Belastingdienst is hier, in dit blog, een dankbaar (sic) onderwerp v.w.b. de thema's organisatieverandering en organisatiecultuur. Niet omdat dat wat er over deze thema's binnen de Dienst gebeurt uniek is, eenzelfde giga beschikbare hoeveelheid wetenschappelijke literatuur laat dat zien dat i.d. binnen zowel publieke als private sector 'wijdverbreid' is, maar vooral omdat dat wat er daar gebeurt in grote mate transparant is. Bewust zeg ik niet 'volledig transparant' want de verhoren laten zien dat er dagelijks nieuwe feiten boven tafel komen.

Pas als de verhoren zijn afgerond, het stof is neergedaald en de ondervragingscommissie heeft gerapporteerd, wil ik in meer detail ingaan op de uitkomsten van de lopende verhoren. Nu wil ik ingaan op een document dat ik deze week tegenkom bij de Algemene Rekenkamer. Het betreft recent onderzoek van de Algemene Rekenkamer (AR) naar de steun die de overheid geeft aan grote bedrijven, getroffen door de coronapandemie zoals bijv. de miljardensteun aan KLM (waarover de AR zich overigens zéér kritisch toont).

De titel van het doc. 'Steun aan grote ondernemingen – leren van het verleden' is al veelzeggend. Net zoals de tekst in de begeleidende kamerbrief: 'Vaak wordt gezegd dat de situatie uitzonderlijk en uniek is en dat de tijd dringt. Aan de andere kant gaat snelheid soms ten koste van zorgvuldigheid. (....) De vraag is of deze steunoperaties zo wezenlijk verschillen van andere overheidsoperaties, zoals grote projecten. Hoe uniek zulke situaties op het moment zelf ook lijken, ze leiden doorgaans tot overheidsingrepen die vergelijkbare karakteristieken hebben.'

De kinderopvangtoeslagenaffaire is inmiddels zo'n 'overheidsoperatie' c.q. 'groot project'. Om dergelijke projecten/programma's zorgvuldig op te pakken c.q. aan te sturen adviseert de AR vooraf te leren van '16 lessen uit het verleden'. Die ervaringen uit het verleden leveren leerzame lessen op, een kort overzicht:

Les 1. Breng het publiek belang in kaart;

Les 2. Zorg voor inzicht in de continuïteit van de onderneming;

Les 3. Zorg voor volledig zicht op relatie met overheid;

Les 4. Omgaan met onzekerheid: prognoses, referenties en scenario's;

Les 5. Eis een goed en samenhangend reddingsplan;

Les 6. Hanteer een doordachte bail-in ('bail in': alle stakeholders dienen systematisch in beeld te worden gebracht en zoveel mogelijk mee te betalen; ook wel 'skin in the game' genoemd);

Les 7. Verken alternatieven;

Les 8. Niet ingrijpen is ook een alternatief;

Les 9. Zorg voor een 'plan B';

Les 10. Let op doelmatigheid en proportionaliteit;

Les 11. Draaiboek ondersteunt maatwerk;

Les 12. Informeer het parlement tijdig en volledig;

Les 13. Stem tijdig af met de Europese Commissie;

Les 14. Denk na over te stellen voorwaarden;

Les 15. Organiseer het toezicht op naleving van voorwaarden;

Les 16. Overschat niet het nut van een overheidscommissaris.

De 16 lessen zijn mogelijk niet 1 op 1 over te nemen voor de toeslagenaffaire i.c. de Belastingdienst, zo zou voor hen de 'overheidscommissaris' synoniem zijn aan de 'staatssecretaris', maar daarmee (niet alleen) voor deze affaire zeker niet minder interessant.

Je vraagt je dan toch af: is de Top van de Belastingdienst op de hoogte geweest van deze '16 lessen in project-/programmamanagement'? Ik verwacht het helaas niet, zeker niet omdat 1 van de topambtenaren opmerkt: 'Ik heb een goed geheugen, maar zo goed ook weer niet.'

Belastingdienst op weg naar een 'Klantcentrische' Dienstverlening. Zou 't?

'De cultuur van de Belastingdienst is nog niet voldoende op verbetering van dienstverlening gericht: (Meer) dienstverlenend zijn is wel deel geworden van de visie/ambitie van de Belastingdienst maar nog niet van het DNA.' Concludeert EY in hun rapport 'Handelingsperspectieven onderzoek fundamentele transformatie dienstverlening'. N.a.v., niet alleen, de recente bevindingen van de kindertoeslagaffairecommissie, is daarvoor zeker 'iets' te zeggen. 'Personen met geloofwaardigheid op het terrein van 'klantgerichte' dienstverlening dienen als boegbeeld voor de verbetering van dienstverlening te fungeren.' Stelt EY dan ook voor.

Voor het begrip 'klantcentrisch dienstverlening' hanteert EY als definitie: 'daarmee wordt dienstverlening bedoeld die vanuit het perspectief van (verwachtingen en behoeften van) burgers, bedrijven en hun intermediairs is ontworpen en/of ingeregeld'. De indruk die je daarbij krijgt is: 'u roept, wij draaien'. Om dit (toch) te kunnen realiseren stelt EY de invoering van 'dienstverleningsmissies' voor: 'Dienstverleningsmissies zijn beschrijvingen van de waarde die de Belastingdienst wil leveren voor een bepaalde doelgroep of specifiek segment daarbinnen en geven richting aan de ontwikkeling van verbeterinitiatieven voor de komende 1-2 jaar.' Vbld van zo'n 'dienstverleningsmissie': Toeslaggerechtigden met als slogan 'Help de Toeslaghulpverlener'.

Dat zou idd mooi zijn maar de Dienst is nog lang niet op dat niveau. De vraag is zelfs (of past hier beter: 'opnieuw'?) of ze daar ooit komen.....

'Of de Dienst er ooit komt': EY concludeert na hun onderzoek 'Het executievermogen om dienstverlening te verbeteren schiet tekort, met name om de volgende redenen:

1. Eigenaarschap, leiderschap en mandaat voor verbetering van dienstverlening zijn nog niet voldoende helder belegd;
2. De ambitie en focus om dienstverlening te verbeteren zijn nog niet voldoende scherp geformuleerd;
3. De ambities voor betere dienstverlening zijn nog niet vertaald in een coherent(e) routekaart en/of realisatieplan waarop goed kan worden gestuurd;
4. De bewaking en bijsturing van de verbetering van dienstverlening zijn nog niet voldoende kortcyclisch en consistent;
5. De cultuur van de Belastingdienst is nog niet voldoende op verbetering van dienstverlening gericht: (Meer) dienstverlenend zijn is wel deel geworden van de visie/ambitie van de Belastingdienst maar nog niet van het DNA;
6. De management- en stuurinformatie bieden enkele aanknopingspunten om doorlopend verbetering van dienstverlening te helpen realiseren maar voortgang van verbeterinitiatieven is moeilijk volgbaar;
7. De wendbaarheid en voorspelbaarheid van de huidige infrastructuur en organisatie (directie IV, de business en andere belanghebbenden) zijn nog niet op niveau om fundamentele transformatie van de dienstverlening te kunnen ondersteunen'.

Ook Deloitte (NB; aan externen ontbreekt het nog steeds niet binnen de Dienst) concludeert eerder dit jaar: 'Wij stellen vast dat een heldere definitie, visie en uitwerking van het begrip 'menselijke maat' ontbreekt, waardoor leidinggevenden noch medewerkers goed weten hoe ze aan dit criterium van de gewenste cultuur kunnen voldoen.'

EY stelt voor: 'Daarnaast dient een plan te worden opgesteld om het ontwikkelen van een klantcentrische cultuur via werving te versnellen. De Belastingdienst verwacht 4 tot 7 % aan uitstroom voor de komende jaren. Dit biedt kansen voor doorstroom en het aantrekken van nieuwe medewerkers (NB; wanneer was er ook alweer die ingrijpende reorganisatie?; WS). De Belastingdienst dient te onderzoeken hoe dit een bijdrage kan leveren aan de versnelde ontwikkeling van een klantcentrische, op realisatie van plannen gerichte cultuur. Enerzijds kan dit door in de werving aandacht te hebben voor bepaalde persoonskenmerken en diversiteit, anderzijds door accenten aan te brengen in de inhoudelijke oriëntatie van de gewenste profielen, bijvoorbeeld een gedragswetenschappelijke of toegepaste achtergrond.'

Uiteindelijk volgen er in het rapport van EY 11 pagina's met acties gebaseerd op 'handelingsperspectieven' uitgespreid over een periode van 1 maand tot 5 jaar waarvan een relatief groot aantal aantal acties met de opmerking 'nog nader te bepalen'; ook veelzeggend.

Als een benchmark vwb 'klantcentrische dienstverlening' komt EY met de 'internationale financieel dienstverlener' CMO: 'Het denken vanuit de klant stimuleren we door het prominent te positioneren in ons sturingssysteem. Soms maar 5 minuten, maar aan het begin van elke meeting laat ik ons dashboard zien: Klanttevredenheid, CES-score, klantcontacten, etc. We kijken naar de cijfers en bespreken wat deze laten zien. Stapje voor stapje vergroten we ons bewustzijn en ons lerend vermogen. We beginnen nooit met een agenda maar altijd met het dashboard. Je moet focus krijgen en dit is de enige manier.' Interessant voorbeeld, maar dat laatste is hier nog maar dé vraag. (NB; ik heb van 'internationaal financieel dienstverlener CMO' nog geen website gevonden. Heb jij die wel? Geef het me door.)

V.w.b. het voorstel van EY om je bij werving en selectie te richten op kandidaten met een 'klantcentrische mindset', daarvoor is zeker iets te zeggen. Dat leert o.m. de ervaring van SouthWest Airlines: 'Ik kan je leren steward/stewardess te zijn, ik kan je leren een vliegtuig te beladen, ik kan je leren een piloot te zijn. Wat ik je echter niet kan leren dat is de klant centraal stellen. Over die competentie beschik je of beschik je niet.' Herb Kelleher, oprichter van SWA. Maar ja Kelleher is met 'klantcentrische dienstverlening' begonnen vanaf de start van zijn onderneming. Daarover merkt hij op: 'Wij verlenen service en toevallig vliegen we.' De Belastingdienst daarentegen is vanuit de oorsprong 'productcentrisch'.

Of het op korte termijn lukt geschikte kandidaten te vinden? Vandaag leverde een discussie in de Tweede Kamer de verzuchting op: 'dat er steeds nieuwe tragiek naar buiten komt en dat daarmee de aantrekkingskracht en het imago van de Belastingdienst als werkgever afneemt'. Een potentieel werkgever die 1600 fte's onbezet heeft terwijl het 'meer dan ooit nodig is dat mensen er nog willen werken'.

Vooralsnog los daarvan, en terug naar 'klantcentrisch': in zijn boek 'Customer Centricity' merkt Wharton prof. Peter Fader op 'Not all Customers are Created Equal'. Wat, hier, te denken bijv. van corporate customers die belastingvoordelen voor hun organisatie willen afspreken en, aan de andere kant van het spectrum, de klanten die zichzelf als belastingontduiker gedragen? Fader stelt dat ook die beide groepen een 'klantcentrische' behandeling kunnen krijgen. Klantcentrisch is naar zijn mening dan ook in 1e instantie een strategie, geen filosofie laat staan een cultuur.

En dan is er nog zoiets als de begrippen 'klantenservice', 'klantervaring', 'klantcentrisch'. In zijn bijdrage 'Even the best customer service can't fix the damage done by company-centric decision-making' legt Matt LeMay de verschillen uit. De tekst op het plaatje bij zijn artikel (NB; zelfs SWA lukt dit niet altijd) kun je ook vertalen als: 'Het spijt me dat uw toeslag is vertraagd, dit als gevolg van verschrikkelijke beslissingen'.

Tot slot: in het artikel 'The Path to Customer Centricity' stellen Shah c.s. dat als je je organisatie van productcentrisch (wat de

Belastingdienst duidelijk is) wil evolueren richting klantcentrisch je stuit op de barrières: structuur, bestuur, cultuur (NB: met teveel 'uur' in voor een verandering benodigde managementbegrippen wordt het al snel 'guur'), processen en het kunnen meten van financiële resultaten. Een veranderoperatie die je dan ook eigenlijk niet wil, zeker niet als je 'tussendoor' ook nog afscheid neemt van Douane en Toeslagen.

Conclusie: interessant rapport van EY maar daarmee is de Belastingdienst er (opnieuw) nog lang niet. Overigens, ook vandaag merkte staatssecretaris Vijlbrief op dat EY de laatste extern adviseur is: 'De rust die de Belastingdienst nu nodig heeft, betekent juist niet iedere keer van plan veranderen en een cohort nieuwe adviseurs naar binnen sturen.' Goed plan, maar helemaal geen externen meer binnen de Dienst: zou 't?

Op de tekst aanvullende informatie vind je bij deze digitale bron:

http://www.managementpro.nl/2020/

Willem E.A.J. Scheepers MBA

https://www.linkedin.com/in/willemscheepers/

www.ingramcontent.com/pod-product-compliance
Ingram Content Group UK Ltd.
Pitfield, Milton Keynes, MK11 3LW, UK
UKHW021654190726
13853UKWH00001B/245